孩子這樣教我做父母

44個 家長都想知道的事

鄭珮詩·文
娃娃猴·插畫

母都希望孩子健康平安、聰明快樂,有教養、守規矩;那孩子呢?他們會希望有怎樣的父母?

作者序

當媽媽，那些外婆和爸媽教我的事

　　自由慣了的我，即使結婚也沒想過真的會有小毛頭進駐我的人生。

　　「趕快生一生，都嫁人了還在玩，長不大你。」外婆每回看到我，都會念一下。

　　「厚！我又不會當媽媽。」

　　「我教你，不用怕。」那時，我以為外婆是因為生了 8 個孩子又帶了一堆孫子後，才理所當然的這麼說。但沒想到，小人出生後她真的一步步教我，從最基本的嬰兒照料、泡奶、換尿布開始，一點也不馬虎。

　　「這條花布，從揹你媽到揹你，現在揹你兒子，小孩怎麼哭都不用怕。」第一次遇到瞇兔怎麼哄就是哭鬧不休，外婆鎮定的拿出傳家法寶來揹起他，孩子立刻進入安心模式。而我也學會從此碰到任何狀況，先說一句「不用怕」讓自己冷靜下來，也安撫孩子。外婆的樂觀精神，紮穩了我在教養態度上的根基。

　　同時，在杏壇服務一輩子的爸媽，也從各個小地方協助我。細心慈祥的老爹，常常傳給我許多育兒知識，比我們這兩個新手爸媽還認真學習，整理資料的同時還會依適合年齡分門歸類，編輯成檔案方便我們參考，甚至還會先測試所搜尋出來的方式是否可行。「丫頭，你那天說妹妹被蚊子咬到後一直抓，我找了一個方法還實驗過，在被叮咬時，先趕快用食鹽沾溼塗一下，可以止癢緩解不適。」有次，我剛好跟老爸聊天提及妹妹被叮咬的狀況，

沒幾個小時解答電話就來了，我親身嘗試後，還真的有效。

　　而我那可愛又有雙巧手的老媽，最擅長製作「小教具」，舉凡零歲用的黑白卡到聽筒玩具，不等我開口，她就會像變魔術般生出來，讓我可以不費力的實施「玩樂教養」。「妳上次不是說這兩隻很喜歡玩冰箱上的磁鐵嗎？我做了英文和注音符號的磁鐵，既然他們喜歡玩，可以順便教他們啊。」那天剛下班回家，就看到老媽抱著一盒沉甸甸的字卡磁鐵在社區大廳等我，機會教育這件事，我就這樣學起來了。

　　當然，跟同為父母的朋友們交流，也是不可或缺的，跟同樣有著一兒一女的娃娃猴也是這樣熟起來的。看著他創作出來的圖，讓我有了要將育兒體驗化為文字，再加上插畫的提議，於是，誕生了這本有趣的作品。

　　說真的，帶雙寶不累絕對是騙人的，過程中我和先生艾文也經歷過沮喪疲憊，但都在看到兩個小傢伙一塊疊在床上的那刻，化成嘴角不自覺的微笑。當爸媽，沒能事先拿到劇本好準備，只能邊做邊從這些前輩身上討經驗，演了快四年，每個畫面都是 on 檔戲。

　　確定的是，這輩子我們會繼續努力扮演好這個角色，謝謝所有曾經給予我育兒建議的人，尤其是你們，我的爸媽，更尤其是妳，外婆，妳是我心中最可愛的天使。

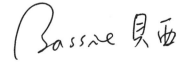

當爸爸，一個自以為是老大的小弟

以前在家裡，總想著何時才能跟爸爸一樣，像個老大似的在孩子面前呼風喚雨。直到身旁多了兩隻小嘍囉，才發現這老大根本是史上最多雜務的小弟。

一直以為自己是個愛小孩的人，直到小澎出生後，才發現這種至親至孝、近乎自虐的愛，剛開始還真讓人難以招架；也讓我開始體會身為父母的奉獻及偉大。但人就是這樣，越被逼到極限，就越會做些違背常理的事，所以，爽妹接著來報到了。我想，我是真的愛小孩吧。

就這樣，踩著窮緊張性格的油門，衝向新手父母教養的旅程，一路上所有杞人憂天的無聊事我都幹過，包括深夜用手指測熟睡中嬰兒的鼻息、戳戳熟睡中的嬰兒以確認他還活著……如果說照顧嬰兒很累，緊張與無助的心理狀態大概就占了泰半。好在小澎媽個性比較大而化之，算是跟我互補，也稀釋了我大部分的育兒焦慮。一路上我們邊學習也邊修正，為了自己身心靈健康，也為了讓小人體會生活樂趣。後來我們擬出「笨得很聰明」策略，簡單來說，就是跟生活有關且無安全疑慮的，我們就裝笨，所有事「弟子自己服其勞」，在旁指導他就好，久了，小人也會因為覺得自己好棒而有莫名成就感；但若是跟安全有關，例如居家用電或外出交通，就得費心點，除了教導還得緊盯。

總之，用「錯了就修正」跟「放輕鬆」兩個方法，去化解一切育兒大小事是我們達成的共識，也因為如此，娃娃猴才開始有了故事。

　　自從天上掉下來這兩個禮物後，在小人入睡後去親親他們天使般的小臉蛋，幾乎已成為我們每晚的習慣，而「擁抱」及說「我愛你」更是每天回家必做的兩件事。親子的生活與相處是門藝術，每個階段都有不同體會，留心孩子的成長變化，常與他聊天並一起參加活動，你會發現，比起傳統的倫理關係，你們會更像是可以互相學習的好朋友。

　　孩子，讓我時常思考在人生的旅途中該帶給自己以及家庭什麼樣的生活及價值觀，而同樣在未來，我們也期待能陪著他們，去找到屬於自己的答案。養孩大不易，每個年代都有其挑戰，在此向即將成為父母、或已成為父母的你們致意，享受人生這一切所有的角色扮演吧。

　　也謝謝你們，我的父母。

www.wowmonkeys.net

目 錄

作者序
　　當媽媽，那些外婆和爸媽教我的事　　鄭珮詩（貝西）/ 02

作者序
　　當爸爸，一個自以為是老大的小弟　　娃娃猴 / 04

第一篇 Let it Go！小人自己有腦袋！

　　自己選‧自己穿：尊重自主權 / 10

　　編故事‧玩接龍：無限想像力 / 14

　　讓玩具回到它的家：培養責任感 / 18

　　跌倒‧就自己站起來：收起保護傘 / 22

　　為什麼不可以生氣？接納負面情緒 / 26

　　今天很棒！把一天的垃圾倒光光 / 30

　　我也喜歡粉紅色：中性教養 / 34

　　為什麼？為什麼？好奇心不會殺死貓 / 38

　　淡定和急驚風：每個孩子都不同 /42

　　一起來做集點板：巧妙運用獎勵制度 / 46

　　我做錯了嗎？有效的懲罰 / 50

　　到哪裡都洗洗手：培養衛生習慣 / 54

　　我沒有咳嗽，可以吃糖了：說謊前說謊後 / 58

　　這是我畫的公車：學習可以很有趣 / 62

　　舉一反三？我不是愛頂嘴 / 66

　　我有說對不起啊！道歉的真諦 / 70

　　等一等好嗎？培養耐心 / 74

第二篇 除了自己，小人得學會和其他家庭成員相處！

我是超級小幫手：適時的放手 / 80

吃飯的時候不可以看手機！模仿和影響 / 84

麻麻，我也痛痛：萌芽的同理心 / 88

我今天不想乖：學步叛逆期 / 92

都要跟妹妹分一半嗎？處理手足衝突 / 96

哭了，你們就會來抱我！眼淚不是特權 / 100

妹妹，我在這裡：體貼與照顧 / 104

四隻腳的哥哥姐姐：寵物也是家人 / 108

我跟麻麻一樣在炒菜：模仿是學習的第一步 / 112

你們在吵架嗎？不同調教養 / 116

麻麻不在家：給爸爸和孩子單獨相處的機會 / 120

一起看世界：親子共遊 / 124

坐在這裡等麻麻回來：危機應變 / 128

弟弟一點都不可愛：打翻醋罈子 / 132

第三篇 擴大的關係鏈，隔代和社交圈發展

當然可以不完美：別當永遠的第一名 / 138

為什麼阿公都說可以，你都說不行？隔代溝通法寶 / 142

天使的鄰居：面對生命終點 / 146

我想說 Hi 的時候就會 Hi：言語霸凌 / 150

不只是一碗關東煮：愛惜資源 / 154

別再叫我唱給別人聽：孩子不是展覽品 / 158

我不想借你玩：說不的權利 / 162

大聲不代表很厲害：微霸凌事件 / 166

總有野狼在身邊：警覺心 / 170

為什麼要笑我？孩子也有自尊心 / 174

給我 iPad 就好：善用 3C 產品 / 178

幫我開 25 臺的 Dora：聰明看電視 / 182

都是地板壞壞？別替孩子找藉口 / 186

Let it Go！
小人自己有腦袋！

別以為孩子這麼小還不懂，其實他們擁有超乎你想像的判斷力和想像力，所以別把我們認為的「應該如何」套在他們身上，很多時候孩子出現的負面行為，比如過度依賴和打滾哭鬧，都來自於我們無意間剝奪的那件「芝麻小事」。

自己選，自己穿：尊重自主權

「我不要這個，我要紅色那雙。」悶熱的季節來臨，我下意識地拿了黑色涼鞋給小安，沒想到她立刻大聲地搖頭抗議。

「好，那妳自己拿。」

「麻麻妳幫我拿！」鞋子在上層她搆不到，立刻想搬救兵。

「既然自己選鞋子，就要想辦法完成，妳可以搬小椅子來。」想了想，她跑到房間去搬小凳子。

「我自己穿，妳不要幫我。」拿到鞋，小安得意的加碼演出，但雙綁帶的鞋子並不好穿，她顯得有點挫折，以她現在的年紀的確有點困難。

「麻麻妳看我都穿不好！」試了幾次後，小安有點沮喪。我另外拿出兩雙鞋子，魔鬼氈的布鞋和剛剛那雙涼鞋。

「第一，我覺得妳很棒，會試著自己穿鞋，所以第一次穿不好沒有關係，我們可以多試幾次。第二，妳選的鞋子真的有點難，等妳再長大一點會比較適合自己穿，妳想不想換另外一雙試試看？當然如果妳還是想穿這雙，我們可以一起完成，好嗎？妳決定。」先肯定她的努力後，我依據她目前的狀況，多提供了幾個選項，讓她有信心再做一次選擇。

「那我要這個蝴蝶鞋子，妳看我穿好了！」小安再次忙碌地穿鞋，費力的把右腳塞起了左鞋，左腳套進了右鞋，最後開心地站了起來。

「很棒！但兩隻鞋子併起來應該是一隻蝴蝶哦。」在鼓勵她努力嘗試後，我提醒了她正確的穿鞋方式。

「那我換一邊，就會變成蝴蝶飛飛了對不對？穿好了，麻麻我們出門吧！」為了讓她喜歡的圖案成形，孩子主動將左右腳對換，穿上了自己選的鞋，準備踩著好心情出門。

讓孩子當主角

孩子小的時候，基於保護的心情，我們會主動替他們決定大部分的事情，而且總覺得這樣的決定對他們是最好的，到了孩子開始會表達「要」跟「不要」的年紀，我們會突然覺得孩子不再那麼聽話，什麼事情都堅持自己來、自己做，大人給的建議，孩子開始不接受，頭痛的爸媽因而覺得小孩怎麼這麼難搞。

其實隨著孩子的年紀漸長，開始探索世界的他覺得一切都新奇有趣極了，這時如果被大人限制或制止某些行為，孩子會自然想反抗和掙脫，爭取自主權。比如當孩子就是想用叉子喝湯時，在安全無虞下不妨先放手讓他試試看，然後再問問看孩子試過的感覺，「用了叉子你有沒有喝到湯呢？」、「如果沒有喝到的話，要不要試試看其他的餐具，比如說湯匙？」即使知道那不合常理，也別先急著否定孩子的第一選擇，應該放手讓他們自己承擔後果。

我們也該學習，調整以自我為中心的角度，視孩子為獨立有想法的個體，聆聽並尊重他們的選擇，在某些事情上慢慢讓孩子當主角，並試著用平行角度的「你可以」，取代以上對下的「你不可以」。

包容孩子的自主性

這時期的孩子處在一個很微妙的階段，想證明自己長大，偶爾又想賴回爸媽的懷抱，當成就感和挫折感同時出現時，他們不見得能招架得住，因此容易出現大哭大鬧等失控情緒。

這時我們先包容孩子突然爆發的情緒，別說出語帶責怪或嘲諷的話，比如「剛叫你不要就不聽，受傷了吧！」或是「這不是你自己要的嗎？現在要怪誰？」這樣的話語只會讓孩子感受到不被信任和難堪，進而在以後面對新的選擇時，因為怕被否定而不敢勇往直前。當碰到孩子就是怎麼講也勸不聽，堅持「我要自己開熱水洗澡」或「我不要麻麻牽，要自己過馬路。」等不講理又危險的選擇時，適時用卡通或是影片的方式，告訴孩子那些行為會導致的後果，「你看，因為桃樂比不穿雨衣淋雨回家，結果重感冒，一個星期都不能出去玩。」用第三人稱的方式能減少孩子被爸媽直接說「不」時表達出來的抗拒感，也是一種緩解親子衝突的方法。

自己選，自己穿：尊重自主權

　　到孩子開始會表達「要」跟「不要」的年紀時，請視他們為獨立有想法的個體，尊重並聆聽他們的選擇，慢慢放手讓孩子當主角，並試著用平行角度的「你可以」，取代上對下的「你不可以」。

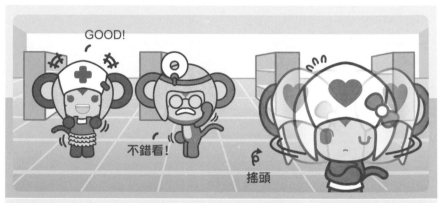

編故事，玩接龍：無限想像力

「麻麻，今天講這本。」小傢伙拿出《一顆好球》，這顆害怕見世面的棒球，飛高高怕被鳥嚇到，滾在地上怕被狗咬，簡而言之就是膽小鬼一顆。但其實，這本書被拿出來讀大概 10 遍有了，我閤眼都會背了。

「好，有一顆棒球……」

「麻麻好了！換我了，很久以前，有一顆籃球……」

每回當我快念完故事的「原貌」，小傢伙就會迫不及待的接上我的話，發表他自己的故事，這時候我會變成小孩，認真的聽他說故事。

「那籃球有沒有朋友啊？他這麼勇敢。」當然，我也會舉手問問題。

「有啊，棒球！原來棒球都很害怕，籃球保護他。」

「那保齡球、乒乓球、羽毛球和排球也可以一起當朋友嗎？」

「可以啊，他很大方。」我笑了，每次我們新編一個故事，這孩子就會把上次學到的詞彙又加進來，比如說「大方」這個詞。

我沒有準備一大堆的繪本故事書給孩子，因為每一本我們都在重複的主軸後，開枝散葉成新的趣味。任何天馬行空都可以被允許，而我更樂於在這中間「聽」孩子說故事，因為我會聽到孩子真正的聲音，他會在編故事中透露出最近發生的兩三事。

「跟我一樣，很大方。我給妹妹小熊摩托車，雖然被她弄壞了。」原來是這樣，我還在想那臺車怎麼解體了。

「我也給琳琳吃阿公買的橘子。」我想，這孩子真的了解大方的意思了。

「希望棒球也跟籃球一樣大方，大家都喜歡他。」

生活裡看圖說故事

說故事和聊天是睡前固定模式。在這個一整天大家各自忙碌後，iPad、沒晒的衣服、溜滑梯和學校等事務都暫時消失，我們終於可以安靜下來說說話。

故事講得太開心時，我還得稍微打斷一下，告訴他「精采的明天繼

續說下去」，我總以為孩子不會記得昨晚說到哪，沒想到他們的記憶力實在相當驚人，讓我在做前情提要時也馬虎不得。

「昨天講到籃球飛到框框裡面後⋯⋯」

「對，他受傷了！」他調高八度，聲音表情豐富得很，這大概歸功於每回我說故事時也是極盡誇張。但這回不只高分貝，他還咚咚咚得跑下床拿了我的家用醫藥箱上來，拿出 OK 繃叫我拿著。

「如果真的受傷了，你要先消毒，因為傷口會有細菌，清乾淨以後才可以貼起來。不過籃球這個不是受傷，他是沒氣要打氣。」雖然編的故事十之八九都是童話色彩來著，但我還是會抓緊機會告訴他真實情況上演時該如何處理，總不能讓他對一個扁掉的籃球貼 OK 繃吧。

但我也想過，什麼時候要問他「為什麼籃球或小熊會講話啊？」嗯，還是等我們都編不動故事的時候再說好了。

故事，大多是先聽再看，然後跟著說出來，對於小孩來說，所有的情節都是想像力的無限驚奇，我們並不用執著講多高深的故事，或是一定要先從什麼語言著手。最基本的，就是要找到吸引孩子的故事，比如說喜歡車子的小朋友，可以從隨處可見的公車、計程車等編成一個「車子遊樂園」之類的故事，用生活中的素材來跟孩子一起編故事，不僅會提高共鳴程度，也會同步刺激感官學習。

若真的覺得絞盡腦汁編新的故事太辛苦，只想好好的念完一本書也沒有問題，爸媽可以試著將故事主人翁換成孩子的名字，或是孩子熟悉的朋友或鄰居。也可以試試用另外一種語氣或語言來念念看，比如原本用老太太的口氣，就變成用可愛小女生的語調，或是原本的國語發音改成臺語來念，都會讓孩子覺得新奇有趣。

當孩子開始自己編故事，別先急著評價「好」與「不好」，若他們中間說不下去了，爸媽可以再丟個線索引導他，盡量別說「喔，這樣啊⋯⋯」這類不帶興趣的話。鼓勵和適當的從旁協助，是讓孩子增加信心的方式，當他們對自己的創意和表達方式有信心之後，連帶也會幫助孩子在公開場合時更顯得落落大方。

15

編故事，玩接龍：無限想像力

　　用生活中的素材跟孩子一起編故事，不僅能提高共鳴度，也會同步刺激感官學習。當他們學著自己編故事時，別吝於鼓勵及從旁適當協助，這都是讓孩子增加信心的方式，連帶也能使他們在公開場合更顯得落落大方。

然後，虎姑婆一○一○地吃掉小孩子的手指頭……

喀啦、喀啦的作響……

所以乖小孩要早點睡！懂了嗎！嗯呵呵呵……

驚嚇一百

嗯～
嗯～

讓玩具回到它的家：培養責任感

「收一收，要出門了。」小人當然沒那麼聽話，在興頭上總是要磨蹭一下，在我三催四請加上從旁協助後，還有一半玩具攤在遊戲墊上，看著一旁的紙箱，我突然想起了什麼。

「你們知道，玩具也有家嗎？」孩子愣了一下。我拿出之前生日派對用剩的彩紙、畫筆，在其中一個紙箱畫上一臺大大的車，剪剪貼貼讓平凡的紙箱生動了起來。

「這是車子的家！」

「那我要畫球的家！」很快的，紙箱被畫得五顏六色。

「畫好了，我們來去接玩具回家，走吧。」孩子三步併作兩步，動作比我還快，迫不及待的要把心愛的玩具放回新家。

「不同顏色的車子要放不同的房間，或是不同的抽屜裡」我拿出卡紙當隔板，這麼一來就順便做了玩具分類。

「麻麻給我鑰匙，大門要鎖起來才安全。」對哦，居家安全的確很重要。

「這樣玩具都有自己的家了，以後要記得讓它們在辛苦工作一天後回家吃飯睡覺喔。來，這是小歐的，這是妹妹的，自己保管。」我拿出兩把已經不用的鑰匙讓他們各管一支，也把掌控權交給了孩子。

先給最沒有負擔的任務

孩子對於玩具的玩法總有不同的解讀，年齡層是一個關係，個性也是很大的因素。有的專注在「玩」玩具，有的熱衷於「搬」玩具，不管哪一種玩法，往往家裡的客廳或遊戲區都會變成一片戰場，光收拾就要耗掉不少力氣。其實慢慢教會孩子讓每樣東西都歸位，就是訓練他們對所有物有責任感的第一步。

一開始，先給孩子簡單和輕鬆的目標，告訴他們只要有始有終的完成事情就代表有責任感，比如說，負責提醒爸媽電燈關了沒？東西帶了沒？之類日常生活中天天會碰到的事情，讓孩子成為某件事情或物品的

「主人」，放手讓孩子主導。

通常孩子對於被交辦任務會感到新奇有趣，在「管理」一件事情時除了培養責任感之外，也會連帶加強自信心。而當小任務一個個完成後，我們可以試著擴大範圍，或是加深難度，好比說「從現在起你是電燈的主人和全家的環保小尖兵，出門時要檢查每一個開關，也要看水龍頭有沒有關好、插頭都拔起來了沒，記得出門前來跟拔拔麻麻報告，這樣我們不在家時家裡才會安全，所以你非常重要喔。」

給責任的同時，也要肯定前面孩子已完成的初階目標，讓孩子知道在完成最基本的任務後，他能夠挑戰進階版，將來孩子會減少懼怕承擔責任的可能，也會勇敢面臨問題。

接受賞罰就是一種負責

交付任務時，必須慎重告訴孩子完成與否的差別，比如說做得好會進入「好寶寶計畫」，可以獲得獎勵點數，用貼紙或是蓋章的方式讓孩子清楚知道自己被認可的程度。我曾運用便利商店現成的集點卡和貼紙當作道具，每當孩子看到快集滿的點數，都會興奮的問我還差多少才能達成目標，這過程中滿足孩子的是心靈成就感，物質獎品反而是其次。

反之，孩子也要了解沒有完成任務必須承擔後果，即不負責任的下場。「正面懲罰」會比「負面懲罰」來得讓孩子容易接受，例如用「不幫忙收衣服就要連續一個星期整理桌面」，取代「不幫忙收衣服就不准溜滑梯」。當然，有獎勵點數也要有扣分點數，當孩子看到目標變遠，我們可以告訴他們，答應的事情沒有完成，為了負起責任必須把同樣的事情再做一遍，如果做好，就可以彌補獎勵點數，若是不可逆的事情，可以反問孩子該怎麼處理，例如帶出門的水壺，因為自己沒有保管好而弄丟了該怎麼辦？也許開放式問題孩子比較難直接回答，我們可以列幾個選項：「再回去找找？」、「連續幫忙一個月跟管理伯伯拿信件，才能累積點數買新水壺。」

賞罰分明，讓孩子逐步培養責任感，也能改善無所謂和依賴逃避的態度。

讓玩具回到它的家：培養責任感

　　先給孩子簡單和輕鬆的目標，只要有始有終的完成事情，就代表他們有責任感，之後再放手讓孩子試著管理事情，學習承擔責任，勇敢面臨問題。相對的也要賞罰分明，讓孩子了解負責任和不負責任的差別。

回來了！ 我們回來囉！

踩

啊、啊、啊、啊！

砰咚！

熊熊熊！

玩具又沒收好

沒關係，
男子漢要堅強喔！

怒！

這次不一樣……

跌倒，就自己站起來：收起保護傘

「小心，不可以去那邊，太危險了，妳會摔倒！」

和同是人母的好姐妹 Grace 相約在新開的親子餐廳吃飯，孩子在遊戲區玩時，驚呼聲不斷在我們耳邊迴響，順著聲音看過去，是個穿著一身優雅的媽媽和全身蕾絲的小女孩，夢幻的畫面一度讓我以為到了童話世界。小女孩只要聽到媽媽的制止聲，便會放下手邊玩具默默離開，相比其他孩子的滿地亂爬和放聲大笑，這孩子顯得自制有禮，但也少了同年齡孩子該有的活潑朝氣。

「沒關係，先給姐姐玩。」碰巧小歐和小女孩都看上了籃球，小歐看了我一眼，想到小女孩幾乎什麼都沒玩到，我提醒小歐先讓她玩。「這些小球不要，是從球池拿起來的對不對？有很多細菌會生病。謝謝你小帥哥，但我們家 Lily 不能玩。」遊戲區有一大片孩子最愛的球池，每個孩子幾乎都瘋狂的在裡頭游來游去，但這小女孩一步也沒有跨進去。

「妳玩這個穿線板，可以訓練手眼協調，等一下！我先噴酒精。」終於聽到一個被容許玩的玩具，我由衷為小女孩感到開心，剛好小歐也很喜歡穿線版，兩個人便一起玩了起來。「怎麼打噴嚏了，噴酒精果然還是不能消滅病毒，這裡到處都是塵蹣，妳戴口罩。」這個小女孩很乖巧，凡是媽媽說的都照單全收，完全不反抗，同樣情形放在我們家兩個小傢伙身上，我應該早就被抗議聲震破耳膜了。

「砰！」一個只顧著低頭拿著玩具的小男孩突然衝過來，撞倒小歐和小女孩，優雅媽媽低呼一聲衝上前，隨即把小女孩抱離現場。

別搶著幫孩子避開危險

很多爸媽在孩子剛開始學走準備探索未知時，就不自覺的先替孩子擋掉任何「可能的危險」，搖搖晃晃要跌倒時，就立刻攙扶，讓孩子連一屁股坐在地上感受痛的機會都沒有，看到孩子加快速度跑起來，就緊張地大叫「別跑，會受傷。」

在無微不至的呵護下，孩子難得受傷，但也失去了生理和心理上應變危機處理的機會。失去應變能力之後，一旦我們無法在孩子身旁，他們在跌倒時將不懂得如何保護自己，不懂抱頭屈膝，也不懂得翻滾，反而可能傷得更嚴重。另外，在安全無虞之下，提早向孩子預警任何危險也會讓他們失去判斷能力，養成畏縮的個性；也許少走了一些冤枉路，但孩子卻也失去警覺心和承受挫折的耐力。

適時收起過大的保護傘，別只想替孩子撐開一片陰涼地，而捨不得他們在豔陽下汗流浹背，等到他們變成靠爸族和媽寶，甚至變成尼特族（NEET）時，放手的黃金關鍵期早已錯失。

學會自己保護自己

和以往相比，現今環境複雜許多，不管是衛生或社會變遷方面都差異甚大，光看有許多的新種病毒和過敏原出現，也就可以理解為什麼爸媽會格外擔憂孩子的健康問題了。

保持清潔當然很重要，但與其一天到晚拿著酒精或是溼紙巾在孩子後頭追，不如教他們怎麼維持清潔，比如常洗手、咳嗽打噴嚏時記得摀住口鼻，只要養成反射式的好習慣，孩子就能靠自己多得到一層保護。當孩子與他人溝通出現紛爭時，也別急著幫孩子出頭，道歉、息事寧人的離開現場，或是拉高分貝的幫孩子說話，看起來似乎能解決當下的問題，卻可能在無形中培養孩子「膽怯懦弱」的處理態度；研究也顯示，這樣的孩子反而容易成為團體中被欺負的目標，因為被過度保護的孩子受到欺凌的最初反應都是哭泣或跑開，讓霸凌者覺得很好玩，反而一次又一次成為被鎖定的目標。

教孩子如何因應衝突，反擊、暫離、求援或做其他處理，總之，懂得在第一線即時的保護自己，才能減低陷入危險情況的可能。

跌倒，就自己站起來：收起保護傘

當我們為孩子擋去所有的危險，他們也失去了在生理和心理上對於環境危機處理的練習機會，失去應變能力之後，他們在遇到危險和挫折時將不懂得如何保護自己，適時收起過大的保護傘，別錯失該放手的黃金關鍵時間。

嘩啦！

搖搖欲墜

急停拉桿

為什麼不可以生氣？接納負面情緒

「穿拖鞋，地板有點冷。」一早，我邊打理先起床的妹妹，邊叮嚀剛起床的小歐下床要穿鞋。正當我轉頭關抽屜時，聽到「碰！碰！」兩聲，鞋子被踹飛到床的另一邊，順便引爆了哭聲。

「哪裡不舒服？為什麼生氣呢？」

「嗚嗚嗚，麻麻妳幫我穿鞋。」

「所以你是對麻麻生氣，還是對鞋子生氣？」要了解這場暴走原因為何，我還是要小歐自己說出來。

「幫我穿，幫我穿啦！」完全不理會我的問題，想用耍賴達到目的。

「但鞋子現在飛好遠，我拿不到，而且因為你踢它，鞋子也生氣了，你要先跟它說對不起，不然你以後也沒鞋子穿了。」孩子越氣，我表現得越平靜，若是在家裡就讓他先宣洩完，絕不一起跳戰舞。

「為什麼鞋子可以生氣，我不可以生氣？」

「你當然可以生氣，但是要知道為什麼。你先學麻麻大口呼吸，然後慢慢不哭，因為哭的時候我聽不清楚你說的話，就不能一起找出問題害蟲。」我拍拍孩子因為猛哭而抽搐不止的背，讓他慢慢冷靜下來。

「先弄我，不要先弄妹妹。」原來是這樣，小歐覺得被忽略了。

「我們先來看你很棒的地方。第一，你很快就不哭，第二，你告訴我為什麼哭。接下來你聽聽為什麼我要先弄妹妹，第一，剛剛你還在睡覺但妹妹已經起來了，第二，妹妹的尿布包了整晚，她容易紅屁股所以起來要先換，你也知道包尿布不舒服對不對？」感受到我以他為主的說了好大一段話後，情緒緩和許多。

「對不起，我來穿你了。」看著翻肚的鞋子，小歐誠懇的說。

直接表達？生悶氣？

孩子還不會說明原因時，哭鬧或摔東西以引起照顧者注意是最直接的方式，當然面對負面情緒時，大人的火苗也很容易被急速點燃，常會脫口而出：「不准哭！」、「不可以生氣！」、「你怎麼那麼煩！」種

種充滿斥責或壞情緒的語氣。

其實生氣時想表達和宣洩出來，是符合邏輯且健康的行為，我們要教會孩子的是該用什麼方法生氣，比如「我們一起到樓頂唱你最喜歡的歌，麻麻生氣時也會在上面唱超大聲，怎麼大叫都沒關係。」或是「我們來畫你喜歡的人，忘記你討厭的人。」轉移孩子對不滿事物的注意力，也同時穩定我們自己的情緒，引導孩子直接表達而對症下藥解決。

當孩子開始會生悶氣時，也意味著進入另一種情緒管理時期，孩子從直接用動作表現情緒到會說「我生氣，因為……」，若忽略傾聽背後真正的原因，孩子就會習慣性的生悶氣，這時想要讓孩子說出前因後果會更加困難，將來若在人際關係上遇到瓶頸，很可能會過度壓抑而造成更嚴重的問題。但當然，某些孩子在生氣時就只想暫時安靜，遇到這種個性的孩子，就不能逼迫他在當下硬要跟我們對話，而且若事件過後，孩子依然沒有很大的意願想說，就不妨讓它成為小祕密或是慢慢淡化。

注意，我要生氣了

以同理心接納孩子生氣的理由後，也要讓孩子知道怎樣的事情會讓別人生氣，比如「麻麻上次跟你說，東西要放好不然很容易掉下來，結果你沒做到，讓我很生氣。」以「生氣預告」的模擬劇來教孩子，每個人生氣都是有理由的，如此一來可以降低負面情緒，也許還能解決問題。

而真的不開心時，請孩子先在心裡默數一到五，若還是感覺不舒服，就說「再這樣，我要生氣了！」聆聽孩子的原因後，常態性的事情可以提供一些小技巧或訓練來幫助孩子，比如孩子說「你再叫我喝水，我要生氣了！」從中了解為何他不喜歡喝水，也問問看孩子怎樣處理他比較能接受，也許他只是不想在某個當下喝水而不是完全排斥這件事情。而若是與外來人事物有關的狀況，比如孩子說「你再搶我東西，我要生氣了！」觀察孩子如何解決紛爭，或適時的把孩子移到另外一個空間，都不失為帶領孩子跨越情緒關卡的好方法。

為什麼不可以生氣？接納負面情緒

　　生氣時想表達和宣洩出來是非常健康的行為，我們要教孩子的是用什麼方法生氣，而不是禁止他們生氣，轉移孩子對不滿事物的注意力，引導孩子在表達不快後對症下藥解決，都是處理負面情緒的好方法。

切蛋糕囉！

YA~

拆禮物

?!

為什麼是蝴蝶結？

因為今天是妹妹生日！

……

不管啦不管啦！

今天很棒！把一天的垃圾倒光光

「今天一點都不棒。我最討厭今天了！」就寢前，工頭紅著眼眶非常不開心，賭氣的把被子一拉就嘟著嘴。

「怎麼了嗎？」

「小其哥哥害我跌倒，我都受傷了，明天我不要跟他一起玩普悠瑪號，因為他今天也不借我玩太魯閣號。」為了證明他有多可憐，還把褲管拉起來讓我看他瘀青的膝蓋，外傷不明顯但的確有摔倒的痕跡，我回想一下他整晚的健步如飛，應該沒有大礙。

「是追來追去然後自己跌倒的嗎？還是小其哥哥推你的？」

「小其哥哥推的。」

「是小其哥哥推你的？還是追來追去然後自己跌倒的？」

「自己跌倒的。」

為什麼我要倒過來再說一次呢？因為工頭的回答習慣很妙，永遠撿後面的問題當答案。從兩次的回答看來，大概是因為兩個孩子在玩時起了爭執，衍生一些不開心所導致。

「那如果是我跌倒，你猜我會不會自己站起來？」

「會啊，妳是大人。」

「所以你也長大了，應該會自己站起來，下次更小心對不對？」

「對啊，我今天就自己站起來。」

「那今天多棒！因為你跌倒就自己站起來呢！」拉開被子我們滾在一塊，工頭的笑聲早已取代淚眼汪汪。

睡前十五分鐘，終結壞情緒

成長的過程中，不可能時時刻刻都風和日麗，我們也無法總是陪在孩子身邊，真實的看見他們為何開心，為何傷心，因此利用睡前的相處時光聆聽孩子的心情非常重要。

每天睡前，念完故事後，我一定陪工頭回想一遍今天發生的事情，然後大喊一聲：「今天很棒！」再入睡，這是長久以來我和工頭之間建

立的睡前默契。我總覺得，不管在生理或心理方面，盡可能釋放負面能量，不帶著壞情緒過夜，對健康上應該是益多於害的。

用輕鬆聊天的方式引導孩子說出心裡話，如果他們表現得很激動，也剛好趁這時安撫孩子，讓緊繃的情緒找到出口和舒緩，糟糕的心情也許已經跟了他們一整天，他們正需要倒倒垃圾，所以先耐心的聽，不做任何評論，最後才給他們建言，並問：「那最後你決定怎麼做呢？」把肯定句留給孩子回答，不要在一天的結尾還對孩子下指導棋，徒增壓力。

若孩子今天情緒真的很糟，怎麼安慰也不見好轉，可以用另外一個角度協助，請孩子試著想想至少兩件今天發生的好事，再小的事都可以，當壓力還是維持有 50 分時，就把快樂幸福感提高到超過 50 分，帶孩子遠離在壞情緒裡的鑽牛角尖，也可以訓練孩子在遇到挫折時想著光明面，當今天的不好無法完全歸零時，至少可以期待明天是嶄新的一天。

解開所有不愉快，和今天道別

有時候，孩子不開心的來源可能是我們，被罵了，起爭執了，我們可能也是他們心中想倒的垃圾，而我們自己也累積了不少怨氣，利用這個一整天最後的機會和孩子解開誤會，是最好的時機。

「我先跟你說對不起，今天讓你感覺不舒服，其實我也很難過，我們都先忘記生氣，明天早上吃頓好吃的早餐，你再好好跟我說你在想什麼好不好？」

有時因為爭論的比較激烈，雙方並不適合在這時候以口頭溝通，孩子也不見得想聽或聽得懂，這時只需要簡單的擁抱孩子，用肢體語言讓他們感覺受傷的情緒上得到體諒，隔天一覺起來也許早就忘了今天為何如此生氣，也能夠平心靜氣地接受建議。盡量避免在睡前對孩子說教，若只是希望孩子了解用意，輕輕帶過白天發生的事情即可，別強迫孩子在這時還要認同我們所提供的想法和做法，可能會造成孩子更大的反彈，或因為疲憊就敷衍帶過，也別只想著倒自己的垃圾，讓孩子帶著壞心情入眠。

今天很棒！把一天的垃圾倒光光

　　利用睡前相處時光和孩子輕鬆聊天，引導他們說出心裡話，留下開心的畫面，卸除糟糕的情緒，幫助孩子遠離鑽牛角尖，讓他們知道不管今天多不順，明天永遠都會是新的一天。

我也喜歡粉紅色：中性教養

「這雙藍色的雨鞋給你，那雙粉紅色給表妹。」阿公非常疼孫，總不忘採買東西給爆爆和爆爆的表妹，這回拎來的就是兩雙可愛的雨鞋。

「我要粉紅色的。」爆爆拿起粉紅色雨鞋，立馬把腳套進去。

「男生要拿藍色的啦！」

「為什麼不行？我就喜歡這個啊！」爆爆一臉不服氣。

「爸沒關係，我來跟爆爆聊聊，爆爆先跟阿公說謝謝。」

「拔拔，男生真的就只能要藍色的嗎？我覺得粉紅色的好看啊！」

「爆爆，沒有不行喔。所有的顏色你都可以喜歡。」

「我會被笑嗎？」爆爆有點擔心。

「爆爆，有的人不懂尊重和接受，會用嘲笑別人的方式讓自己看起來很厲害，你不需要因為這樣的人感到自卑或生氣，但是爸爸要跟你聊一聊，男生女生有什麼樣不一樣喔。」爆爆點點頭，也沒有那麼堅持要穿粉紅色雨鞋了。

不因性別影響孩子的選擇

尊重孩子的喜好，不以性別刻板印象來侷限孩子的選擇。不容否認，男女的確有別，教養和對待的方式是應該有些許差異，但這是就生理無法改變的部分而言。

對性別這件事，我們的態度可以寬容一點，喜歡洋娃娃、愛看婚紗的男孩，有可能對美感特別敏銳；愛抓蟲的女孩，未來也許會在生物領域大放異彩，我們應該鼓勵每一個孩子真誠面對自己最原始的想法，讓他們發揮潛能，盡情創造想像空間。

從小就愛玩娃娃和流連在婚紗櫥窗的華裔設計師吳季剛，最感謝的就是吳媽媽，他曾說：「我真心希望所有父母，能鼓勵、尊重孩子的特殊才藝或興趣，並盡可能地給他們空間和學習機會！」吳媽媽一路支持吳季剛，甚至為了避開其他親友來訪時無數個「小男孩怎麼在玩娃娃？」的質疑，而把家中地下室重新布置成一個工作室，讓他可以在自己的天

地裡盡情發揮，沒有任何牽絆，也因此有了現在發光發熱的吳季剛。

引導孩子觀察性別

除了所有不影響安全和性別混淆的因素，我們不能否認性別的確有差異，四歲以前，建立基本的性別角色認同相對重要。

當孩子問「為什麼麻麻穿裙子，但拔拔不穿呢？」我會先反問他「你覺得是為什麼呢？」利用孩子的好奇心，並從孩子的回答中初步認識性別。有的孩子會出現「因為麻麻是女生」或「因為拔拔是男生」這類的回答，我們可以告訴孩子，女生是比較常穿裙子沒錯，阿姨、外婆和姐姐都會穿裙子，因為穿裙子不像褲子那麼方便，可以爬上爬下、跑跑跳跳，所以要特別注意。你有沒有發現女生動作都比男生輕一點，也慢一點啊？但因為男生比較喜歡跑來跑去，所以大部分男生都比較喜歡穿褲子。也可以用幽默點的方式告訴孩子，如果你喜歡的蝙蝠俠或是美國隊長穿裙子，這樣飛起來的時候不就被看光光了嗎？

男孩可以哭泣，女孩可以很豪爽

根據長久以來累積的性別投射印象，比較願意表達情緒的男生常被貼上陰柔標籤，而女生則普遍被告知不要太過陽剛；相對的，男生常被鼓勵獨立創新，而女生則被認為比較細心溫柔。

因此，我們更要提醒自己別被這樣的框架鎖住，面對哭泣的男孩，減少像「男生就要勇敢」這類回應方式，因為久而久之，男孩會在無形中被訓練成不易釋放壓力的個性，也會減少親子間的親密依賴。而當我們發現女孩愛跑愛跳，也盡量不要加上「沒有女生樣子」之類武斷性的評論，因為女孩並不是得文文靜靜地坐在一旁才能夠有所發展，也許這個女孩未來就是個攀岩好手也不一定。

面對學齡前孩子的情緒表現，請忘卻性別，溫暖將會是最好的回應方式。

我也喜歡粉紅色：中性教養

　　別以性別刻板印象來侷限孩子的選擇，在不造成危險的狀況下，鼓勵孩子真誠的面對自己最原始的想法，讓他們發揮潛能，盡情創造想像空間。面對學齡前孩子的情緒表現，請對性別這件事寬容點，溫暖將會是更好的回應方式。

為什麼？為什麼？好奇心不會殺死貓

「麻麻為什麼妳帶雨傘出門？沒有下雨啊？」

「第一，我怕待會突然下雨。再來，我怕太陽變大，熱的時候可以用傘擋陽光。」對於小歐的問題，我一向認真回答，絕不敷衍了事。

「但為什麼會出太陽又下雨？」來了，好奇寶寶連環擊發開始。

「因為天氣很難預測，而且提早準備也不會手忙腳亂。」

「那為什麼天氣不好就會手變成腳？」呃，我剛哪一句提到這麼厲害的法術？孩子果然只挑他聽得懂的再加以天馬行空。

「手變成腳是有點困難，不過你想現在去圖書館查影響天氣的原因，還是喝完牛奶我們再出門？」對於想求知這件事我永遠持正面態度，立刻準備帶小歐去找解答。

「先喝牛奶好了，那為什麼我喝牛奶，妳喝咖啡？」我都還在查圖書館開放時間呢，新的問題又來，這問題我大概回答過 100 遍了，這孩子已經從認真想知道答案，轉變成想聊天了。

「我上次怎麼回答呢？」

「妳說有咖啡因，我會長不高。」

「還有什麼東西也有咖啡因？」

「巧克力、可樂，哦還有茶。」背得很熟啊，一反問就知道。當孩子丟出為什麼，我們就分析一下，見招拆招。

「為什麼問我？你沒有記起來喔。」

「是啊，還好妳沒忘記，不然我就不知道要找誰問了。」小歐得意得很，也不想想剛剛跳針的是誰？

耐心聆聽每一個為什麼

隨著孩子的思考、探索和語言能力與日俱增，拋出的問題也更五花八門，他們透過大人的回答認識新事物，也許對於事實還一知半解，但會從中慢慢拼湊出一個他自己滿意的答案，也建立起許多訊息和知識。

但這時期的喋喋不休有可能會讓大人頗為頭痛，尤其是碰到重複性

和難以解釋的問題時，更會讓人想找出開關，暫停這個頻道。這時請先穩定自己的情緒，別斥責孩子或推拖敷衍，因為任何負面回應比如「你好煩，哪來那麼多問題」，或「長大就知道了，一直問你也聽不懂」都可能扼殺孩子的好奇心和求知慾，也可能埋下日後遇到困難不敢向大人表達或溝通的隱性因子。

為了真正解決問題，請先耐著性子聽清楚孩子到底在問什麼？真的屬於知識面的，就帶著孩子一起去找答案，不僅能避免提供錯誤資訊，也訓練他們主動找尋解答的能力。

另外一類沒有任何意義只為了吸引大人注意的發問，比如「這是什麼？那是什麼？」、「為什麼你要上班？」這類的問題，轉移注意力是很好的方法，有時候孩子只是閒得無聊，希望不停和爸媽對話，因此會出現許多不見得想知道答案的問題，這時我們可以先針對問題簡單回答，再帶一句反問孩子的話，好比「對啊，我要上班，那你今天想穿哪雙鞋出門？」巧妙的帶入孩子有興趣的事物，並把回答權拋回給他們，通常孩子會因為不再感到無聊，而自己結束問題。

為了反抗而問的為什麼

當孩子漸漸大了之後，對於我們給的答案可能出現否認或不認同的態度，這種情形又以孩子問了一件「可不可以這樣做」的事情，但得到的是「No」為最常見。

當孩子知道可以說「不可以」時，就容易出現「那為什麼不可以？」的問句，比方「為什麼我不可以吃糖果？別人都可以？」這時轉變一下回話方式，讓孩子覺得他第一時間的要求沒有被否定，也會減少這種為反對而反對的發問，比如說：「你可以吃糖果，但不是現在，因為已經刷好牙了，明天早上我們再去買來吃。」設想孩子可能出現的為什麼，給予條件式但書，可以大幅減少孩子因心生不滿而故意發問，因為當這樣的問題產生時，孩子心裡早就充斥了不服氣，不管爸媽回答什麼都聽不進去。

其實往正面想，當孩子不對爸媽的話全部買單時，也證明了他們開始有自己的想法，在合理範圍，爸媽也該讚許這樣的「為什麼」。

為什麼？為什麼？好奇心不會殺死貓

隨著孩子年紀漸長，拋出的問題也更五花八門，屬於知識層面的，就帶著孩子一起去找答案；若是只為了博得關注、轉移注意力或帶入他們有興趣的事物是很好的方法，通常孩子會因為不再感到無聊而自己結束問題。

拔拔為什麼你要關門？

我在大便啦！

咚咚咚

為什麼大便就要關門？

因為拔拔的大便臭臭啦！

為什麼拔拔的大便臭臭？

你的也不香啊！

我一個人在客廳會怕怕，快開門啦！

拔拔大便臭臭不要啦！

快開門啦、快開門啦、快開門啦！

咚咚咚

厚，你很盧ㄟ！

開門~

......ㄇㄇ

拔拔好臭喔！

碰！

不是跟你說過了嗎！

奇怪ㄟ你！

淡定和急驚風：每個孩子都不同

「麻麻，我的碗擺好了，妹妹還沒有，妳叫她趕快擺好！」吃飯時間一到，我要求兩個人自己擺好餐具，通常小歐會趕快就定位，連帶向我「舉發」妹妹慢半拍的事情。

哥哥個性急，臉皮也比較薄，喜歡別人稱讚，會急著想把事情做好，但也常常因為太急著做好某件事而感到挫折；我看了一下妹妹，還拿著碗敲來敲去，大概是想著菜還沒上桌，幹嘛急著入坐。妹妹和小歐性格天生迥異，當小歐已經暴走飆淚時，妹妹還是老神在在的吃她的米餅，有兩個孩子互相對照的生活，真的非常有趣。

「小歐真是最棒的餐桌禮儀小老師，你再擺一遍餐具的位置給妹妹看，教慢一點，妹妹來坐好，哥哥要表演給妳看囉。」藉此機會，我讓小歐展現他做得很棒的事情，順便提醒他「慢一點」，讓他能修正過於急躁的性格。另外一邊，也把一切都「無所謂」的妹妹拎回該坐的位子，還是得找稍微吸引得了她的人事物，於是相近年紀的小歐就成了最好的表演者，這麼一來，兩個人都有了各自又該共同專注的事情，相得益彰。

理解孩子天生就不相同

每個孩子天生氣質都不同，有的就是可以一滿月就睡過夜，不隨便哭鬧好帶得很；但有的出世就是磨娘精，怎麼抱怎麼搖脾氣就是很大，倔強得讓人想投降。

即使有著相同爸媽和同樣的生長環境，還是有著不同個性。我們能做的是接受每個孩子的不盡相同，比如說，內向的孩子就是需要多一點時間和大家熟絡，慢一點進入狀況，這時我們可以說：「慢慢來沒關係，只要這次比上次……就很棒。」越是害羞的孩子，越需要溫暖安靜式的鼓勵，讓他們感到安穩和信賴之後再跨出下一步，別逼迫一個內向的孩子立刻變得外向活潑，他可能會以為自己本來的個性不討人喜歡，所以才需要改變，如此一來可能會對自己更沒自信，也會在轉變的過程中感到

挫折。

　　反之，對於特別好動愛交際的孩子，要求他們乖乖坐好不動大概是最痛苦的事情，不如讓他們找點有趣的事做，比如把去公園溜滑梯這再平常不過的事講成「鞋子、外套和帽子都穿好、拿好水壺，我們要出發去探險囉。」對於活潑的孩子來說，死板沉悶的事情反而會令他們升起更高的反抗心，順性發現能令孩子感到興味的事情，比硬要和他們對立的威嚇式教導來得輕鬆多了。

讓孩子理解對方的不同

　　正因為個性不同，孩子在相處上也會產生許多的磨合，可能特別和某些小朋友投緣，但和某些孩子就是玩不起來，甚至會出現爭執。

　　這情形在手足間最常見，繼而延伸到社區或學校的小圈圈。當我們聽到「今天我要跟佑佑一起玩，但是他躲到他麻麻後面，我叫他都不出來。」之類的話，便是一個非常好的時機，讓孩子了解每個人都有不一樣的個性，不能硬要求對方和自己成為一樣的人，這時我們可以問問孩子當時是怎麼做的，再從中告訴他該修正的地方。「我去拉他一起，然後他就哭了。」「佑佑沒有兄弟姐妹陪他玩，所以比較害羞，不像你有妹妹，下次我們試著跟他打招呼就好，還記得第一次去公園跟其他小朋友一起玩時你也會害怕啊，但後來熟悉了，就慢慢不怕了對嗎？所以你也要慢慢跟佑佑做朋友，太快會嚇到他喔。」藉由類似經驗，提醒孩子不是每個人都這麼「快熟」，我們也需要耐心等待「慢熱」型的人。

　　孩子，有的淡定，有的就是急驚風，除了讓他們了解本身的個性，更重要的是能夠尊重其他人的不同，具備同理心之後，漸漸孩子能理解，不是每個人都得跟自己一樣，或站在同一國，社會上本就存在不同的聲音，學會接受是一個必經的課題。若他希望能獲得更多人認同，也要懂得尊重不同個性的人，過程中會和某人成為好朋友，也可能被某些人冷淡對待，但無論如何，都已經學會了與人相處。

淡定和急驚風：每個孩子都不同

　　孩子，有的淡定，有的就是急驚風，除了讓他們了解本身的個性，更重要的是懂得尊重他人的不同，具備同理心之後，漸漸孩子就能理解，不是每個人都得跟自己一樣，學會尊重別人是一個必經的課題。

一起來做集點板：巧妙運用獎勵制度

「麻麻這是什麼，我可以拿小猴子這塊嗎？」小歐的外婆送了幾塊動物造型的瓦楞板來，我原本打算拿來當家裡的留言板，經小歐一問，我突然有了不同的想法。

「去選一塊你喜歡的，因為我們要做集點板。」

「集點板？」

「從這個板子上，可以看到你對完成一件事所做的努力，達到目標後，就能實現我們一起設定的願望。比如說，你選一件要教妹妹的事情，兩個人一起完成後就可以貼個小香蕉在上面，有 10 個香蕉就等於達成目標。」小歐覺得很有趣，不一會我們就做好獎勵和目標貼紙。

「那第一個目標你想教妹妹什麼呢？」

「我要教她用大眼蛙喝水，妳不是常說要多喝水嗎？」妹妹對喝水一直很抗拒，即使是大家公認的喝水神器也引不起她的興趣，讓我有點頭痛，每次都會故意拉小歐表演喝水給妹妹看，希望可以激起她模仿的慾望，現在有人自告奮勇來協助，真是太好了。

「很棒的目標，那你想選什麼願望呢？」在選擇獎勵上，建議不要用物質，也不濫用，並希望這願望是經過共同討論出來的，而不讓孩子自由亂喊，且要找具可行性的，家長自己也要認真當一回事。

「妹妹快點來喝水。」看著小歐追著他的「目標物」前去，看來妹妹會自己喝水的日子應該不遠了。

合適和具體的獎賞標準

稱讚、表揚和獎勵等正面的鼓勵方式，很容易為孩子所接受，但運用上必須巧妙和有原則，獎勵值得讚許的事情，若是原本就該做的如好好吃完一餐飯，就不能用額外獎勵來促使孩子完成，因為這樣會讓他們以為不做好才會有機會得到獎品，乖乖第一次就做好的人反而沒有這個機會。

該獎勵的，是例如孩子一開始不敢下水學游泳，在經過幾次嘗試後

終於成功，我們要即時嘉獎他願意學習並挑戰的態度，因為這是有所努力而得來的。另外，如果孩子暫時還沒有成功達成目標，不要因為怕傷到自尊心而照樣稱讚他，久了他會無法區分，怎麼樣算是表現好，怎麼樣會得到嘉許。

再則，先以口頭上做精神表揚，例如「你做得真棒」，盡量不要常以物質獎勵，因為濫用後可能會造成對獎勵彈性疲乏，也會讓孩子在努力時動機變得不單純，導致每次都希望知道獎勵是什麼才願意好好做，也很容易用獎賞反制約父母，如此便失去了激勵的美意，物質鼓勵可以偶一為之，搭配上集點制度和簡單明確的規定，除了可以幫助建立自信心和紀律，也可以培養孩子做事情有原則和懂得設定目標的好習慣。但有一種狀況得特別留意，若孩子為了追求獎勵或求好心切，反而表現得患得患失或備感壓力，我們便需要調整一下獎賞的強度，可能改以較為輕鬆的方式來引導孩子，或是用其他不同的方式獎賞。

讓孩子明白被獎勵的是過程

在每一次設定目標後，要清楚告訴孩子，達成目標能夠得到獎勵，但努力的過程同樣也會得到表揚，讓他們知道需要完成這兩個部分，才是真正完成任務。這樣的用意在於讓孩子知道，努力和運動家精神比什麼都重要，別因為急著想跑到終點而不擇手段。

告訴孩子，在中途揮灑汗水和動腦思考也一樣會被認可，也盡量少用「跑最快真棒！」這種有等級或是分數表徵的話語稱讚孩子，可以改用「看到你好努力，我也好驕傲的跟大家說你每天都花好多時間練習。」當孩子努力後的結果不如預期，在安慰之餘請一定要記得肯定他的努力，就算沒有被選上當舞臺最前面的表演者，或是沒有一張看起來很漂亮的成績單，但他在你心中，已經是最棒的孩子了！

一起來做集點板：巧妙運用獎勵制度

設定目標後，清楚告訴孩子，達成目標能夠得到獎勵，但努力的過程同樣也會得到表揚，讓他們知道這兩個部分都完成，才算是真正完成任務，也讓孩子知道，在過程中努力和具備運動家精神比什麼都重要。

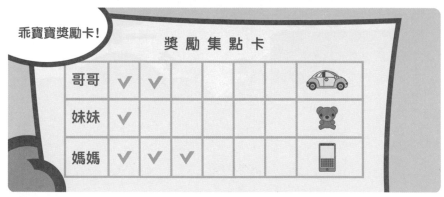

獎 勵 集 點 卡					
哥哥	✔	✔			🚗
妹妹	✔				🧸
媽媽	✔	✔	✔		📱

我做錯了嗎？有效的懲罰

「麻麻，妳看我跟弟弟跳來跳去好好玩。」睡前我把剛晒好的枕頭放在床上，兩個孩子在裡面鑽來鑽去，玩得不亦樂乎，竟然還上演了埋枕頭堆的遊戲，因為可能會發生窒息和壓傷的危險，我立刻出言制止，「不可以這樣玩，很危險！工頭你再帶頭玩一次的話會被處罰喔。」

但一從客廳走回房間，就看到工頭又把弟弟埋在枕頭裡，這個輕忽安全和無視我提醒的行為，讓我覺得應該要薄施懲戒。「我剛剛說什麼？我是不是有說，再犯的話我會處罰。」

看到我嚴肅起來，工頭驚覺大事不妙，「麻麻我做錯了嗎？對不起。」

「你的確犯錯了，待會不能聽歌跳舞。」這是工頭睡前最喜歡做的一件事情，對他來說是不小的懲罰。我已經提出警告說明再犯會罰，為了讓工頭知道嚴重性和謹守原則的重要性，絕不讓步。

「我要聽歌跳舞，麻麻我錯了！」

「今天就是不行。」工頭不情願地邊哭邊進房間，還頻頻回頭期待我反悔。

「打勾勾蓋印章，弟弟我們以後不可以這樣玩，很危險。」工頭泛著淚光提醒自己之餘，還不忘叮嚀小的一頓。

遵守懲罰的原則

孩子對於要被獎勵的事情和行為，會牢牢記住然後不斷提醒爸媽，但對於會被處罰的事情卻很容易輕忽，因此明確訂出做錯什麼事會被處罰的標準後，一定要謹守原則，即使孩子裝可憐或是央求，也不能心軟而取消懲罰，只要寬容一次，就很容易變成慣例，將大幅降低懲戒效果和公信力。

先以口頭清楚說明懲罰標準後，給孩子漸進式的提醒和警惕，逐步加重語氣強度，讓他們了解，一旦犯錯，不論是明知故犯還是惡意為之，都要為這個行為負責；若是不小心造成的，鼓勵孩子勇於承認，考慮從

輕量刑，比如自首不小心損毀物品，可以把原本要給的懲罰稍微減輕一些，但不能完全免除，因為還是希望孩子日後能多加小心，所以薄施懲戒是必要的，但若因屢勸不聽後犯錯，經詢問又不主動承認或規避責任，便要把原來的處罰加倍，讓孩子感受到犯錯後不同程度的懲戒差別。另外，犯錯時也必須即時實施懲罰，當下才能讓孩子印象深刻，若是隔了一陣子才處罰，孩子會感受模糊，效應相對也較差。

更重要的是，教養者要針對單一事件，別加諸情緒臨時改變原則加重處罰。態度需客觀，別嘲諷或嘮叨孩子，若過度刺激他們的自尊心，不僅效果適得其反，也會讓他們對標準產生混淆，搞不清楚到底是教養者在生氣，還是單純因為這件事情做錯。

遊戲式處罰

關於處罰的方式眾說紛紜，其實只要能達到讓孩子減少犯錯的目的，同時也維護孩子的尊嚴，就可以算是適合的方法。

通常刻意用反向的方式來拘束孩子，是簡單也比較不傷自尊心的方式，比如活潑的孩子，可以強制他保持安靜以示懲罰，比如擺一個呼拉圈和小椅子，限定他在一段時間內不准離開那塊區域，或是給他一個擺滿串珠的碗，要求他把不同顏色的珠子分出來，用這種讓他感到難受的方式可能比責罵或打手心更有用。但切記，雖然用的是遊戲式懲罰，但實行時態度還是必須嚴肅，要讓孩子明白這還是一種懲戒模式。

要運用這個方法，平時得要了解孩子「最喜歡」和「最不喜歡」的事情，屆時只要把「不能做最喜歡的事情」或是「一直做最不喜歡的事情」當作懲罰，比如讓最喜歡玩車子的孩子一整天不能玩，或是讓最不喜歡吃紅蘿蔔的孩子「當餐」只能吃紅蘿蔔，都是可行的懲戒方式。

我做錯了嗎？有效的懲罰

明確訂出處罰標準後，在初犯時給孩子漸進式的提醒和警惕，逐步加重語氣強度，讓他們了解，一旦犯錯，不論是明知故犯還是惡意為之，都必須即時實施懲罰，為自己的行為負責。

孩子這樣教我做父母

又欺負弟弟，這個禮拜不給你零用錢了！

不要啦!!

格格欺負我！

嗚哇！

隔天

老婆這是這個月的……

嗯，放房間抽屜就好！

拔拔、拔拔，
為什麼要給媽媽錢？
你做錯什麼事了嗎？

嗯？！

因為我……

娶了你媽！

又在找死了嗎！

折手

嗚！

到哪裡都洗洗手：培養衛生習慣

「回家要先做什麼？」

「洗手，換衣服。」這是工頭返家時我一定會叮嚀的話。沒辦法，現在的病毒實在是無孔不入，只能教孩子用簡單正確的洗手動作盡可能的保護自己，雖說他們還無法做得很徹底，但從旁協助至少可以確認一下完成度。

「麻麻，我會自己開水和關水，妳不要幫我。」工頭很喜歡做扭開水龍頭，但常因為太雀躍一下開太大，導致衣服打溼。

「肥皂抹抹手，來起泡泡唷。」接下來 40 秒，我們就唱著自己亂編的歌，邊用力搓著雙手和指縫，要唱完歌才可以沖水。

「麻麻，泡泡精靈要把細菌趕去哪？」

「到很遠的地方，這樣他就不能害你生病了。」

「但他會坐高鐵還是新幹線回來害我生病嗎？」工頭以為到很遠的地方，就得搭很快的交通工具。

「他的速度比你想得還快，一不注意就又跑回來了，所以我們要養成好習慣，隨時讓泡泡精靈趕走它。」泡泡精靈和細菌的典故已經講了很多次，但每次孩子還是很愛再問一次。

「唱完歌了，可以沖水嗎？」我點點頭。

「可以用鬼太郎列車的毛巾擦手嗎？」這也是工頭自己選的，若把洗完的水亂甩，搞得到處溼答答的，不僅危險也是一種不好的衛生習慣；用自己喜歡的東西會幫助落實洗手的步驟。

「麻麻，妳還沒有洗手！」兩隻手都完成洗手動作後，換小傢伙提醒我了。

一起維持良好的衛生環境

要讓孩子自動自發維持整潔，除了爸媽帶頭做以外，也要打造一個讓孩子感覺乾淨的環境，因此吃完的東西隨手丟，用個人餐具，洗手刷牙等等，都是一些可以讓孩子從生活小細節培養衛生習慣和維持整潔的好方法。

但如果總是爸媽在後頭收拾，不僅減少孩子學習的機會，也會讓整理者感到疲累而情緒不佳，連帶的孩子對保持乾淨這件事也不會感同身受。建議在打理前先帶著孩子看一遍周遭的環境，問問他們和平常的感覺有什麼不同，比如「你看一下桌上，有吃完的碗和衛生紙，跟平常乾淨的樣子不一樣，我們一起把碗放到洗碗槽，然後把衛生紙丟進垃圾桶好不好？」先取得孩子對乾淨環境的認同感，別急著動手收拾，把較為簡單的清理任務交付給他們。

另外，爸媽自己也得保持良好習慣，如果只是要求孩子出入都洗手，主動收拾垃圾，但自己卻到處亂丟使用過的紙張或用具，是不可能有好效果的。

從多方面來養成衛生習慣

培養習慣並不容易，也容易放棄，因此在開始訓練時盡量陪孩子一起完成，以免他們在過程中因為做不來或是覺得無聊而想逃避，比如較小的孩子可能搆不到洗手臺，這時我們可以在旁邊備妥一張小椅子，讓他們想洗手時可以少去這層障礙，在初期減少越多阻礙，越容易養成孩子反射性的衛生習慣，另外也要明白訂出何時需要洗手，例如返家後、吃飯前和如廁後。一旦規定，就必須嚴格執行遵守，因為有可能一次的疏忽，就造成諾羅病毒或是腸病毒入侵。

另外，訓練孩子隨身攜帶口罩和手帕，口罩可以在空氣品質不佳或是感冒時形成基本的保護層，手帕可以用來擦嘴擦手，並每天清洗更換，只要提醒孩子備妥這些物品，需要時就可以大幅提高他們願意保持衛生的機率。再者，也要格外留意習慣咬手或用手抹鼻涕、口水的孩子，因為洗手只能降低細菌，但若不停止源頭的發生，傳染病還是有可能發生，所以要嚴格制止孩子用手碰眼口鼻，用嚴重一點的後果讓孩子心生警惕，比如會肚子痛不能吃好吃的東西，或是不能出門玩溜滑梯等等，來幫助他們建立衛生習慣。

到哪裡都洗洗手：培養衛生習慣

　　要讓孩子自動自發維持整潔，除了爸媽帶頭示範以外，也要打造一個讓孩子感覺乾淨的環境；吃完的東西隨手丟、用個人餐具、定時洗手刷牙等等，都是一些可以讓孩子從生活細節培養衛生習慣和維持整潔的好方法。

我沒有咳嗽，可以吃糖了：說謊前說謊後

這種季節，只要一下子不注意，就傳來咳嗽聲和不斷的噴嚏聲；只要一咳，ZZ 就了解他不能吃甜的，這是我們早就說好的規矩。

「麻麻，今天要不要去阿公阿嬤家？」

「要啊，但你要戴口罩。」老人家常用餵甜食的方式疼孫，就算溝通再多遍也沒辦法矯正長輩的心態。老實說吃甜食真的會讓人心情好，因此我倒不是強烈反對，但我在意的是頻率和規矩，比如說一天一顆，或是身體狀況好的時候可以吃一顆，而不是成把成堆的餵。

「來，這巧克力給你。」果然，都還沒坐下來呢，ZZ 偷看了我一下。

「爸，他咳嗽不能吃甜的，昨晚咳到不行都睡不好。」

「啊謀要緊啦，巧克力而已，可憐啦。」

「忍一下，趕快好就可以吃。」健康是最高指導原則，我委婉的推掉那根本不只是一顆的巧克力糖堆。

回來後 ZZ 變得更嚴重，邊咳邊說，「麻麻，阿公今天有問我要不要吃糖。」

「那你吃了嗎？」其實那一幕我有看到，阿公教 ZZ 裝做「沒有咳嗽」就好，阿嬤因此剝開了糖果紙，把糖塞進了孩子的嘴。

「麻麻對不起，我跟阿嬤說我沒有咳嗽了，所以她有給我糖果吃。」我鬆了口氣，還好，這個集體戲碼只塞住了 ZZ 一時的嘴。

「是的，你的確做錯了，不過也做對了。做錯的地方是因為你說了謊，不管是誰教你這麼說，說謊都是不太好的。但你一開始有跟阿公說 no，還有誠實的跟麻麻說這些過程，這樣很好。」我不因長輩的盛情而責怪孩子，因為孩子已經先遵守了準則，更正確的說，是配合一場演出，但我的確有點懊惱這個晚上 ZZ 將要因夜咳而更不舒服。

「麻麻，我咳嗽好了再吃，妳先保管。」ZZ 拿出口袋裡老人家塞的一堆糖，主動交給我。看來說謊之後，他決定小小懲罰一下自己。

聆聽欺騙前的真相

孩子不是天生就會說謊的，頭一次說謊，他們肯定也很緊張。說謊的原因，不外乎是想「得到好處」或「逃避壞處」，先欺騙、再說謊，這幾乎是一套規則。

若成功嘗到甜頭，又不用承擔後果，孩子就容易食髓知味變成慣性說謊者，而且會伴隨著日益高深的演戲技巧。還記得一個 YouTube 人氣影片，小男孩非常喜歡棒棒糖，連要了兩支之後媽媽不肯再給，他便把棒棒糖藏起來再跑去跟爺爺、奶奶、爸爸等不同的人要，並推說：「好久都沒吃糖，好可憐。」活靈活現的演出，讓大人好氣又好笑，中間還有阿姨或鄰居之類的出來稱讚這小孩很會表演。但這影片在有趣之餘其實頗令人擔憂，孩子看到自己欺騙之後還被叫好，很可能會認為說謊沒什麼，反而能讓大人開心。

在孩子沒有說實話時，父母先不要有太多情緒反應，尤其是大聲咆哮或不以為然的訕笑，因為當偏差行為出現時，格外需要冷靜的陪孩子找到原因。先拉著孩子坐下來抱抱他，問他：「是不是有什麼理由，讓你不能講實話？」是因為特別想要這個機器人，所以你騙拔拔飯都吃光了？怕麻麻不高興，所以偷偷把玩壞的小熊藏起來嗎？確認到底為何說謊，別急著處置，一開始好好處理，可以避免日後更大的謊言，更重要的是，讓孩子暢所欲言的解釋，既能減少誤會，也增加情感黏著度。

說謊後的影響

了解孩子說謊的原因之後，要讓他明白後果。首先告訴孩子：「麻麻知道你為什麼要這麼說，但你這樣讓我很難過。」再問問孩子說謊後感覺如何，多數的孩子會發現說謊是不正確的行為，有的會表現得不知所措，有的會理直氣壯或推卸責任，這時我們可以跟孩子約法三章，比如「說實話的話麻麻會很高興，你也不會像這樣感覺不舒服，所以不管有什麼事都不要說謊，好嗎？」

讓孩子和自己間達成誠實協定，更重要的是要盡量以身作則，即使遇到不得不說善意謊言的時候，也必須好好跟孩子說明原由，以免孩子價值觀混淆。

我沒有咳嗽，可以吃糖了：
說謊前說謊後

　　了解孩子說謊的動機之後，要讓他們明白會造成的影響，讓孩子在面對自己時也能誠實，更重要的是要盡量以身作則，即使遇到不得不說善意謊言的時候，也必須好好跟孩子說明原由，以免讓他們價值觀混淆。

今天學校好玩嗎？　　　　　　　　　嗯，好玩！

我來簽一下聯絡簿。　　　　　　　　好！

孩子這樣教我做父母

61

這是我畫的公車：學習可以很有趣

「麻麻妳看，我畫的公車。」我正在刷牙的時候，爆爆拿著畫板跑來，奇妙的是雖然只有幾筆，我居然隱約看得出來真的是輛公車。

「真的是輛公車，只有一個門嗎？」我指著那條有點像門的線。

「兩個好了，阿公阿嬤走這邊。」他又加了個圈圈，滿意的點點頭。「這個是接駁車，晚上有人在等。」接著他又畫了輛小一點的「方型區塊」，旁邊有個彎，看來是抽象派的月亮。接著他又畫了起重機、挖土機和救護車等等，雖然都需要很大的想像力才分辨得出來，但爆爆笑得燦爛極了，因為他每畫一個，我就誇張的發出回應「喔咿喔咿，前面的人小心，救護車來囉！」之類的話，整個客廳充滿笑鬧的聲音。更棒的是，爆爆不再像以前只會推給我畫，而是每一筆都試著自己來。

「妳看，還可以再畫一輛跑車。」爆爆指著月曆上的流線跑車，想到什麼似的又加了幾筆。「再加上紅綠燈、斑馬線……然後每輛車子和行人都要注意交通安全。」

「所以待會過馬路要小心！」小小人兒現學現「畫」，真比念了一百遍的交通安全守則還有用。

快樂玩，輕輕學

我相信，叫孩子努力玩一定比努力學來得容易，遊戲本身就充滿著神奇魔力，不需要強迫，就可以讓孩子快樂參與，讓學習從遊戲中開始，是親子雙方都融洽也輕鬆的方式。

回想一下我們自己的學習過程，越無負擔的邊玩邊學，是不是越能持久下去？而有伴也是增加學習信心的好模式，學齡前的孩子，爸媽和手足通常就是最好的學伴和玩伴，互動下產生的趣味和創意，往往超乎想像。這時候，沒有誰教導誰，爸媽也可能變成要學習的對象，上次孩子順手拿了個假的玩具餅乾過來，我一拿起就要吃，立刻被制止說「要先洗手才能吃」，等到我真的去洗了個手，他才允許我吃。我們怎麼教孩子，他們就怎麼教其他人。

快樂的氣氛，不必建築在多昂貴的學習教材或玩具上，而是我們認真的，把這相處的過程當成一回事。

「妳貼在 FB 上的那幾張小朋友的畫很厲害耶，不考慮送他去學畫畫嗎？浪費才能的話就太可惜了，搞不好他會變成達文西或畢卡索。」K 是附近一家我常去的下午茶店老闆娘，我們的交情是從打卡開始的。「還不會耶，因為他好像還不認識誰是達文西和畢卡索。」重點當然不在這。

「不趕快花錢栽培他嗎？」栽培啊，這件事情對我來說跟細菌培養一樣，好的話可以造福，糟的話會成為一種名為扼殺的病。我不否認循序漸進對於才能養成的重要性，畢竟我們還是在系統化的教育裡，一套完整且具脈絡的課程是必須也逃不開的，不過在我能力之內，盡量先不送孩子去學「主題」，或是說我傾向先給孩子「非常大的主題」，希望孩子先別急著「素描」和「擬真」，先大剌剌的玩著顏色和線條，看能無遠弗屆到哪個地步。

國片《魯冰花》有幾幕始終讓我印象深刻，貧窮小男孩得獎的畫作裡，菜蟲是如此恐怖，巨大到比牛還可怕，充滿想像力和創意的鮮豔色調歸功於美術老師的不侷限，老師常不給他主題，他也總是開心的畫完就交了，有沒有得獎根本不重要。而另外一個表現優異的孩子，在老師沒有提供主題時就完全愣住無法作畫，夕陽快下山時，還在教室抽抽噎噎的畫著國旗上的太陽，因為他心中的標準就是必須連光芒都十分工整，但卻怎麼畫都畫不好，而美術老師的一句「這麼遠看不見的」更讓孩子難過得邊哭邊畫。

兩個孩子都給我很大的衝擊，對窮小孩來說，畫畫跟踢足球一樣都是玩，對他來說都很有趣，所以他沒有壓力。但當他後來發現沒有畫筆可以繼續畫，他畫了整片的黑，因為無法開心的玩是件多令人絕望的事啊！而對花大錢栽培出來的那個孩子來說，畫畫並不是遊戲，是一種「表現」，自然也就有了優劣之分。

我希望，目前孩子只需要告訴我他想畫什麼、想唱什麼，因為總有一天孩子還是得練練考試卷上 1+1 這種基本功，那在這之前，就玩得開心點吧！

這是我畫的公車：學習可以很有趣

　　遊戲本身就充滿著神奇魔力，不需要強迫就可以讓孩子快樂參與，讓最初的學習都從遊戲中開始，是讓親子雙方都融洽也輕鬆的方式，而有伴一起玩，也是增加學習信心的好模式。

你再畫牆壁試試看！

↙繼續揮灑

我說你再畫牆壁試試看！

↙繼續揮灑

過來，我要打你屁屁！

嗚嗚！

媽媽！

奇怪耶，
是你一直要人家畫的！

舉一反三？我不是愛頂嘴

「小歐，圖書館要關了，我們先去還書，再去接妹妹好不好？」快出門前 15 分鐘，我通常會先給孩子一點心理準備，讓他慢慢收拾起手頭上的事情，才不會在出門前一場混亂。

「我現在不想去，我要把這個畫完，妳不是說事情沒做完不好嗎？」下午我們才用回收紙重新做了一本畫冊，小歐正在興頭上畫他的長長隧道，難免有點小抗議，更何況，我們一再教他做事情盡可能不要半途而廢，現在如果打斷他，似乎要有更讓他信服的理由才行。

「把事情做完是對的，但我們要先看看是不是有更急的事情需要先做，如果有的話可以先停一下再回頭做。」

「我覺得畫這個很急啊！」

「但書已經到期今天一定要還，違反規定被罰的話就不能借新書，晚上就沒有新故事可以講了。」我試著用別的方式吸引他。

「為什麼沒有新故事？我還是要聽！」這傢伙知道我很能編故事，這招看來行不通，得另想他法。

「但能夠遵守規定是最好的，也許還有別的小朋友想看這幾本書。」用同理心這招怎麼樣，我挑著眉。

「為什麼一定要看這幾本？還有很多書可以選。」

「怎麼今天麻麻給的建議你都不喜歡呢？」說實話，小歐說得也沒錯，但今天是怎麼回事，頂嘴頂得好凶，我被反擊得有點難過。

「我說的妳也不喜歡啊？」小歐反應也太快，我突然發現，當我認為小歐在頂嘴，我也正在以自己的角度強迫他接受我的判斷。更何況那對孩子來說，並不叫唱反調，而是表達意見。

「麻麻我們先去接妹妹，我晚點再畫，隧道待會見，回來再來畫你。」小歐放下了畫筆，反而點出了最急也非做不可的一件事情，原來他只是希望能用他想要的順序做事。還好剛剛我們沒有在「意見不和」這件事打轉，不然可能已經造成一場不愉快，我牽起小歐的手，也接受了他的建議。

別急著否定頂嘴這件事

當第一次發現孩子不再順從聽我們的話，甚至提出反對意見時，肯定會有點錯愕，因此很容易脫口而出「我講的你不聽了嗎？」、「沒禮貌！小孩哪來那麼多意見？」之類負面話語，於是有可能會讓孩子以為表達真實意見大人會不高興，有的孩子進而會變得怯懦沉默、失去自我想法，甚至在往後感覺不對勁時，都因為怕被責罵而過度壓抑自己。

有的孩子則會因為覺得自己並沒有錯，而開始反抗權威式的命令，或故意和大人鬥嘴，弄得家庭氣氛緊張，越吵越凶。當孩子沒有依照我們的建議或指示行事時，我們要先告訴自己「孩子長大了，有自己的想法」，藉此緩和被反抗的怒氣，也別急著認定孩子回嘴就一定是不好的行為，可以溫和的告訴孩子：「你有自己的理由，我很樂意跟你好好談，但你剛剛的語氣讓我很難過，下次可以換個方法說嗎？」讓孩子知道你願意聆聽，但同時也要讓他知道，語氣不佳不是溝通的方式。

偏差的態度需要立即糾正

有時孩子頂嘴純粹是為反對而反對，也有可能是模仿大人互相交談的語氣，或是從電視上學習而來，在孩子反抗的同時，他們同時也在測試大人的容忍底線，這時我們絕不能讓步，必須以堅定的語氣告誡孩子，不懂得尊重他人，勢必得不到他人的尊重。

處理反抗期是很重要的，因為放縱每一次不良的頂嘴習慣，都有可能養成日後孩子偏差的個性。在道理都說明白，也給了孩子選擇滿足合理要求後，若他們仍然選擇說反話，我們可以暫時放空，不理會孩子的無理取鬧，也讓孩子體會被無聲的頂嘴有多不舒服，在孩子稍微平靜後，再提醒他們：「故意不照你說的話做是不是讓你很難過？」假以時日，孩子會感同身受，減少頂嘴的行為。

舉一反三？我不是愛頂嘴

　　當孩子沒有依照我們的建議或指示行事時，別急著認定回嘴就是絕對不好的行為，溫和的讓孩子知道你願意聆聽，但同時也讓他們了解，回話的語氣或態度若是不佳，是會讓爸媽感到受傷的。

68

我有說對不起啊！道歉的真諦

晚飯後，趁兩個小傢伙玩積木玩得起勁，我溜到陽臺準備晒衣服。

「哇嗚嗚嗚！」衣架都還沒拿起來我就聽到弟弟大哭，偷偷探頭觀察是怎麼回事，只見工頭手中拿的圓形積木正是剛剛弟弟手上的那塊，看來是大的拿了小的東西，當然惹來一頓抗議。

「工頭，這是公用玩具，積木是弟弟先拿的，你想玩要問他可不可以，這是基本禮貌，就算他比你小也要尊重他。你想想，如果弟弟直接搶你東西，你是不是也會不開心？」

「好啦，對不起。」回答聽起來不太甘願，但至少展現風度把積木還了回去，平靜 5 分鐘後，我假裝離開現場，躲在一旁靜待後續發展。

只見工頭再度拿走弟弟的積木，同時公式化的道歉：「對不起啦，我有講喔！」在弟弟大哭的同時，小傢伙也衝過來急著向我解釋。「我有跟弟弟說對不起啊，他為什麼還要哭？」

「對不起這句話不是事後說的，麻麻踩到你就可以說對不起，或是晚了點去外婆家接你，沒有在約定時間帶你回家，我也會說 sorry。所以，我故意拿你的樂高，然後說句對不起，你覺得好不好？」

「不要！我會生氣，因為妳拿我東西。」

「那為什麼說對不起弟弟還是哭你懂嗎？」

「懂了，對不起麻麻，我故意惹妳生氣。」這傢伙，舉一反三的速度還挺快的。

別急著要孩子道歉

有的孩子只要一遇到爭執的情況，就想也不想的先說對不起，這多半因為大人習慣性的壓迫孩子「趕快道歉就對了！」尤其當其中有一方在哭或是較為年幼弱小時，另一方的孩子常被迫先道歉以緩和尷尬場景，久而久之，孩子很容易選擇敷衍式的道歉，應付了事，對於造成別人的不舒服並沒有真心了解且感同身受，之後也會持續犯同樣的錯，或是以為只要做錯事時「有點表示」，就可以輕易得到原諒。

　　特別是在對外發生人際衝突時，我們更應該先冷靜聆聽，鼓勵孩子在第一時間客觀說出事實經過，千萬不要為了安撫外人，而直接命令孩子賠不是，有時當下的結果並沒有反映出真實面，我們可以告訴孩子「這件事情你應該比我們都清楚，剛剛發生了什麼事呢？XXX 哭得好傷心，可不可以幫我們找到原因？」別急著用道歉結束混亂場面，才不會讓孩子誤把對不起當成息事寧人的擋箭牌。

當孩子拒絕道歉

　　「你這孩子，做錯也不道歉嗎？我把你教得這麼沒規矩嗎！」還記得有回接兒子去學畫畫，一進門就發現平時還算熟的小傑媽正在發脾氣，原因是小傑撕破另一個小女生婷婷的畫，她哭得梨花帶淚，讓小傑媽既抱歉又不好意思，而且探究所有原因和多方查證確定確實就是小傑的錯。

　　小傑媽原本好聲好氣的請孩子道歉，不料小傑硬是不肯，終於惹得小傑媽暴怒。我當時安撫了一下小傑媽，慢慢把小傑帶離現場告訴他：「我這裡有一盒軟糖，你可以和婷婷一起分著吃。」後來，小傑默默的把整盒糖都給了婷婷，但依然很 man 的吐不出「對不起」三個字。

　　有的孩子對口頭道歉這件事比想像中還敏感，他們可能在挨罵之餘，還是認為自己並不是完全有錯，也很不喜歡在公開場合或外人前示弱，面對這樣的孩子，除了清楚讓他們了解自己的疏失外，也可以提供其他漸進式的道歉方式，讓他們知道無論有任何狀況，照顧者都會陪著他們面對，更重要的是，絕不代替孩子道歉，因為任何不當的挺身而出，日後都可能會造成孩子逃避和推託的藉口，培養他們承擔和負責任的習慣，當孩子體認到所有事都得自己應付時，會自然慢慢減少犯錯的機會。

我有說對不起啊！道歉的真諦

　　孩子與他人發生衝突時，我們應該先冷靜聆聽，鼓勵他們在第一時間客觀說出事實經過，千萬別因為要安撫外人而直接命令孩子賠不是，急著用道歉結束混亂場面，日後會讓孩子誤把對不起當成息事寧人的擋箭牌。

算了，不跟妳吵了！

掉頭就走～

隔日

老婆，我惹妳生氣時，妳從不爭吵ㄟ！

妳是怎麼辦到的啊？

*改編自網路笑話

等一等好嗎？培養耐心

一家四口，每天要洗要摺要晒的衣服總是一大堆，當我整堆丟在床上準備折的時候，都要花上一好段時間。

「麻麻，LINE OFFLINE 要開始了。」

「好啊，但我要先摺完衣服再陪你看。」如果事件沒有急迫性，我會讓孩子知道，他必須尊重別人手上正在進行的工作，適時的拒絕能夠讓孩子學會耐心等待。

「麻麻這麼慢。」不到 1 分鐘，咚咚咚的腳步聲就來了，還伴隨一張嘟著的小嘴。雖說摺衣服不是絕對緊急的事，但我看看時鐘，還有 10 分鐘才七點，這一小段時間不利用也太可惜。

「我喜歡 LINE OFFLINE 的歌，先唱一遍給我聽好不好？」

「Kimi to hanashitai koto ga aru……」小歐手舞足蹈的亂唱著相似的發音，很快的我就把手上剩下的衣服給摺好了，也減緩了他等待的不耐。

用有趣的事情轉移焦點

生活中的等待，是訓練孩子在面對喜歡的事物時多一份忍受力的好機會，同時也讓孩子了解「等等」這兩個字的涵意，並不是說「NO」，所以並不需要為了沒有立即達成目的這件事情而感到挫折。別說是孩子，就算是大人，對於等待這件事情也需要耐性，所以當小人在被要求等待過程中顯得無聊、急躁或是一刻也坐不安穩，我們要先盡力理解。

如果是我們單方面告訴孩子「等等」，比如說，媽媽現在要逛一下超市買菜，或必須和阿姨講個電話，在沒有其他更吸引孩子的事情之下，小孩很容易會覺得無聊，也很難乖乖的站在一旁等著，就會想拉著大人離開現場。這時我們可以找孩子喜歡的事情轉移他的注意力，比如說拿張紙畫畫，或是看本書，而當手邊沒有這些素材，比如說在大街上遇到熟人必須寒暄一下時，也要記得握住孩子的手，先說明「麻麻要跟婆婆打個招呼，拔拔的車來我們就走。」讓孩子知道他是被關注的，大人在聊天時也要適可而止，既然答應孩子一下就好，就要遵守約定；若真的

需要多一些時間，也要先告知孩子，讓他有心理準備。

等待後的果實

對急性子的小傢伙來說，培養耐心是更重要的課題，訓練也可能更需要花點心思，這時候我們不妨使用一點誘因，清楚的讓孩子了解他們在等待後能得到什麼，比方說「讓麻麻挑一下書，挑好之後就去看你喜歡的小火車軌道。」

剛開始，最好的訓練地點就是家裡，也先別以時間為單位要求孩子，因為孩子很難明白「5 分鐘」要多久，我們可以告訴孩子從 1 數到 10，或是下一班捷運來的時候，用簡單的方式讓他們了解時間長短的定義，避免以「很快就好，一下子就走」這樣不清楚的說明讓孩子混淆，孩子在不清楚該等多久的時候，有可能會一直反問大人「還有多久？」、「好了沒？」就像卡通《史瑞克》裡的驢子，要到 Far Far Away 王國時不斷的問「Are we there yet?」。

當然，這也可能是孩子選擇的一個消磨時間的方式，有可能是大人目前建議的方式不能轉移他的焦點，這時大人的耐心表現也很重要，耐受力越強，越能成為孩子的模仿對象。

用分享和輪流磨練等待

單純訓練等待，可能比較難引起孩子共鳴，在遊戲的情境中自然培養耐心，是一種較不會讓孩子排斥的方式。

比如說到公園溜滑梯，或是到遊樂設施都可能需要排隊，孩子必須遵守先來後到的規則，另外碰到一些需要和其他孩子共玩的設施，比如說翹翹板，得湊到兩人一組才好玩，這時孩子可能需要等其他有興趣的孩子一起加入，大人可以刻意保留這樣的機會，當孩子要求「拔拔你陪我玩」，我們可以順勢說：「這個拔拔不能玩，一坐就會壞掉，我們等等看有沒有其他小朋友要不要一起玩好不好？」不僅可以多增加孩子的社交機會，也能在較為輕鬆有趣的過程中磨練耐心。

等一等好嗎？培養耐心

　　在要求等待過程中，孩子常會顯得無聊、急躁或是一刻也坐不安穩，我們可以找孩子喜歡的事情轉移他的注意力，而在遊戲的情境中與其他孩子輪流玩耍，不僅可以多增加孩子的社交機會，也能在較為輕鬆有趣的過程中磨練耐心。

你先等等，這好燙喔，
我幫你吹吹！

呼！呼！

嘖，還是好燙，
我再幫你吹吹！

呼！呼！

……ㄥ

77

第二篇

除了自己，
小人得學會和其他
家庭成員相處！

可能是爸媽，可能是手足，孩子得先在「家」這個小社會裡和其他成員相處，逐漸了解不能只以「我」為出發點看每件事，這是進入社會前非常重要的模擬訓練。

我們要一起當
最好的朋友喔！

我是超級小幫手：適時的放手

「麻麻妳收好多衣服，我要和妹妹一起滾！」每回晒完的衣服堆在床上都跟山一樣，而最近這兩個小傢伙不知從哪學來的新玩法，特別喜歡在我摺衣服時跳上來亂滾一通，剛開始我還不以為意，但後來發現會進入弄亂和重摺的無限循環中，讓我不得不想個辦法解決這件事。

「來，我有小幫手制服要給你們穿。」拿出準備好的兩件小圍裙，一下就吸引了兩個人的注意。

「這是主動幫忙做家事的人才可以穿的，穿的人可以跟我一起玩摺衣服的遊戲，要玩的人舉手？」小歐覺得新奇有趣，立刻就把手舉得老高，還搞不清狀況的妹妹看著小歐舉手，也手舞足蹈起來。

「好，第一件是短褲，像我一樣讓左邊和右邊對摺的，得一分。」我各自給了他們兩個自己的褲子，用最簡單的入門。

「麻麻我好了，我要再得一分！」小歐快速的摺好一件，雖然沒有很工整，但我仍然向他鼓勵比了個讚，然後再拿了另外兩三件給他。

「接下來是小方巾，要挑戰嗎？」

「要，這也會得一分嗎？」

「這個比較難，兩分。」小歐認真地學著我把方巾對摺了兩遍，還自動拿妹妹的那份去摺。

「今天有超級小幫手的協助，摺衣服這個任務完成了，謝謝你。」

「沒有衣服了？我還要摺。」

「好，明天再來當掃地小幫手。」小歐意猶未盡，看來很滿意小幫手這個稱號，相約好新任務，我突然也期待起明天來了。

孩子想幫忙時別插手

不管大人做任何家務，孩子都很喜歡在旁邊跟前跟後觀察大人，當孩子提出幫忙的要求，比如「我來擦桌子」、「我來擺碗」，別因為預想孩子可能會做不好，直接而用「你擦不乾淨」、「麻麻來擺就好」之類的話拒絕孩子參與。

雖然孩子還小，但藉由簡單的家事讓他們養成幫忙的習慣，不僅可以培養責任感，也可以訓練獨立，更可以讓孩子感受到你對他的信任。另外，在協助做家務的過程中，孩子需要手腦並用，藉此也可以觀察他們肌肉是否協調運用，比如擦桌子時就需要運用到手部肌肉，整理抽屜時也能試著學習如何收納分類，別怕孩子做不好，而是該盡量把握他想參與的時機。鼓勵孩子也讓他們知道，共同或幫忙完成一件家務時，家裡就可以維持整潔的環境，一旦孩子發現做這件事需要花的勞力和時間，也會更懂得珍惜資源和感恩，若是有天我們忘記打理桌面，還可能會被孩子提醒：「你都沒有放整齊，我收很久耶。」與其老是跟在孩子後頭哀怨地收拾，不如早點教會孩子承擔某部分家務。

輪流認領家事清單

當孩子逐漸習慣身為家中一份子，做家事是應盡的義務時，對於某些較枯燥的任務可能會有點抗拒，比如因為愛玩水而喜歡幫忙洗碗或澆花，但卻不喜歡較沒有樂趣的整理衣櫃，我們可以用遊戲或輪流的方式，讓過程變得有趣一點，同時告訴他們，每件家事大家都有機會也必須共同負責完成，以免造成孩子對不喜歡的工作加以逃避，或是因為感覺不公平而出現不情願的心態。

另外，讓孩子從簡單的家務開始做起，較為困難的家事則帶著他們一起做，即使還不能完全獨立完成，但可以先慢慢熟悉流程，比如在學齡前先學會「擦拭」，再慢慢進入「扭轉」的動作，在過程中讚許孩子：「你以前幫忙擦桌子時，還需要麻麻幫忙洗毛巾、扭乾淨，現在可以自己做了，真的好棒。」讓孩子知道自己的成長和努力備受肯定，也會更有動力協助其他家務。因此，就從現在，讓孩子當個小幫手吧！

我是超級小幫手：適時的放手

　　藉由簡單的家事讓孩子養成幫忙的習慣，不僅可以培養責任感，更可以讓孩子感受到你對他的信任。與其老是跟在孩子後頭哀怨地收拾，不如盡量把握他想參與的時機。

你會幫忙做家事嗎？　　　　嗯，當然！

而且麻麻還說只要有我這個助手就夠了！

得意

實際上……

吃飯的時候不可以看手機！模仿和影響

「是我最喜歡的 pizza！麻麻可以吃了嗎？」每到周末，我都會準備一樣孩子愛吃的食物，開動以前都是祕密，小人對於這件事的期待很高，所以我也常絞盡腦汁在這件事上，就算是平凡的 pizza，也會在口味上推陳出新。看到孩子吃得開心，忙了一下午的我終於可以鬆口氣休息，不由自主的拿起手機開始滑。

「麻麻我要看電視，幫我開。」

「美食時間就要專心吃，忘了嗎？」我有點訝異，這規矩孩子早就遵從很久，今天這是怎麼了？

「那麻麻也不要看手機，來吃 pizza！」這意思是我被教訓了嗎？呆了三秒之後，我默默感到欣慰，立刻收起手機，因為現在的一舉一動都會被孩子複刻下來。

「對不起，我沒有遵守規定，謝謝你的提醒，以後也請多多指教喔。」小歐滿意的再度拿起他的 pizza，大快朵頤起來。

「那拔拔也不要看報紙，先來吃 pizza！」連小歐爸也被點名了，他不好意思的伸伸舌頭，趕緊放下手中的報紙。大人得記得，以身作則不能只做半套，當家裡同時有兩個以上可以被孩子模仿的對象時，言行必須一致，才能讓孩子心服口服。

「但我們去外面吃早午餐的時候，可不可以放鬆一下啊？」

「好吧，就一下下喔。」這小孩啊，連我的語氣都學起來了呢。

模仿是孩子最重要的學習

模仿是每個孩子的天性，照顧者或熟人的行為，很容易被他們依樣畫葫蘆學下來。

比如我們對著孩子笑著拍拍手，之後他也會學著在拍手時開心的笑，再大一點可以用餐時，孩子也很喜歡學大人拿筷子或刀叉。對他們來說，大人的行為就是一面鏡子，這時期的他們就像海綿，正用超強的吸收力

在學習，於是凡事以身作則就顯得格外重要。當大人說一套卻做另一套時，會讓孩子無所適從，除了無法判斷到底怎樣做才正確，也會對大人產生不信任感，更可能衍生其他如說謊或是講大話之類的壞習慣。

無意間學會的東西，也會在無意間表現出來，當我們發現孩子突然出現偏差的應答和態度時，就得趕快反思自己是不是表現出不恰當的行為。比如我們要求孩子不能挑食，結果我們卻刻意不吃某樣菜；或是我們叫孩子準時上床睡覺，自己卻沉迷看電視而熬夜，任何不正確的示範都可能惹來孩子的不滿：「你自己還不是這樣？有什麼資格管我。」

自己都站不住腳的爸媽，很難要求孩子乖乖守規矩，而這時若大人還以高壓反駁：「我是大人你是小孩，我說什麼你就要照做。」只會製造更大的親子衝突。所以，以身作則是往後跟孩子溝通時最重要的說服點，大人們還是先盡全力演出吧。

別輕忽周遭人事物的驚人影響力

即使孩子不像鸚鵡一樣逐字逐句的模仿，但周遭環境的影響力也不容小覷。

在爸媽或主要照顧者這個圈圈之外，孩子能接觸到太多各種人事物了，比如鄰居、其他小朋友或是媒體，孩子也可能在其中挑選他想模仿的對象，可能因為有趣、覺得很酷或大家都這麼說，便自然而然的成為一種影響力。「我要自己在馬桶上便便，不要包布布。」當時剛開始在戒白天尿布的哥哥，在去了保姆家一個星期後回來這麼說，原來他看到保姆家另一個三四歲的小男孩都能夠自己去廁所，激勵了他，讓我們的如廁訓練在非常平和的情況下順利進行。

但我們也發現有陣子他特別不願意分享玩具，也是因為同個小男孩不把玩具借他，問明原因後我試著告訴他：「哥哥不借玩具給你時，你很難過對嗎？所以如果你不借他，他也會很難過。我們可以試著讓他開心，這樣也許他就會主動借你玩具讓你開心喔。」我們雖無法掌控他人的做法和態度，但至少能盡量減少孩子受到不良行為，引導回正面想法。

吃飯的時候不可以看手機!
模仿和影響

　　模仿是每個孩子的天性,照顧者或熟人的行為是一面鏡子,他們很容易依樣畫葫蘆,因此大人凡事以身作則非常重要。當我們說一套做另一套時,會讓孩子無所適從,也會對人產生不信任感。

噠噠噠~

叮咚!

那我想吃
廣東炒麵

嗯哼!

是說……

到底要不要出個聲點菜啦?

人就坐隔壁，
還在LINE什麼啦?

麻麻，我也痛痛：萌芽的同理心

「OH MY！痛死了。」踢過桌腳的人都知道，那是一種會齜牙咧嘴的痛，這回更不妙，指甲裂了還在滲血。在我止血塗藥時，正玩得起勁的妹妹張大了眼睛，盯著我的一舉一動。

「妳看，麻麻受傷流血了，好痛！不能用兩隻腳走路了」我故意誇張的再一次哀嚎著我的傷勢，邊做著幼稚的哭哭動作。

「麻麻痛痛，我這邊也痛痛。」妹妹蹲下來，先對著自己的膝蓋吹氣，再對著我的傷口摸摸。她大概是想起上回撞到頭時，我幫她擦藥「呼呼」的這件事。

「謝謝，麻麻好多了，不痛了。」我指著腳和胸口，感謝她的關心。

幾天後，我和這小傢伙一起看《十二夜》，還在預告就已經招架不住，眼淚鼻涕流不停。「麻麻痛痛，沒有流血啊？」她大概非常納悶為什麼看到可愛的狗要哭成這樣，急著在找我到底是哪裡受傷了。

「麻麻是因為看到被棄養的狗狗覺得好捨不得，心裡難過，不是因為真的受傷才哭的。」

「那呼呼這邊，不哭喔，下次要小心。」她伸出手拍拍我胸口，小大人的模樣讓我破涕為笑，這小妞，很會照顧人嘛。

一切都來自於感同身受

孩子的同理心比我們想的還萌芽得早，溫暖的程度也遠超過我們想像。記得有幾回我們出門無法帶家中狗兒隨行，我愧疚得摸摸她的頭說「不能出門，好可憐。」現在孩子只要出門前都會跑去抱抱狗兒，告訴她我們一會就回來。

「如果我一個人在家，也會不開心」哥哥這麼說。

「也」這個字，說明了同一陣線的情感，在孩子開始使用這個字以後，我們必須留心培養。能設身處地，孩子就會離「冷漠」這兩個字遠一點，在越來越寂寞的未來，我希望孩子至少能成為一個有溫度的個體。當然，在期待孩子有同理心，懂得關懷和體恤別人時，我們自己也得這

樣做，注意禮節是一個很好的培養方式，我常比孩子說更多的「謝謝」和「對不起」，也同時讓孩子了解為什麼。比如說在不小心撞到人之後，在說對不起之餘，同時讓孩子知道，對方也一定因為碰撞而和我一樣身體疼痛，所以要滿懷抱歉之意。

更進階版，在基本的禮貌之後，試著用更友好的態度加熱同理心吧。輕柔溫和的語調和動作是大原則，有時孩子會急著想表現他的關心，反而會出現太過激動或略顯粗暴的行為，比如之前哥哥看到妹妹哭了，急著想上前拍拍她，結果太大力之下反而讓妹妹哭得更淒慘了，這時我跟哥哥說：「謝謝，妹妹知道你想安慰她，但輕輕拍就可以囉。」然後抓著孩子的手，拍在我身上，讓他了解何謂溫柔的力道。另外，也要了解並不是所有孩子都能接受身體觸摸，當孩子想給哭泣的朋友一個擁抱時，我們也要在旁觀察一下，並提醒孩子有很多種方式可以表達安慰和關心之意，但一定要是對方也感到舒服的方式。

不做無條件憐憫

「麻麻他好可憐，要給他錢嗎？」經過地下道時，孩子看著遊民的碗問我。「我們不給。」這個遊民我觀察過很多次，好手好腳看起來年紀也輕，上回更誇張，讓我遇到他在麥當勞玩 FB。

「不是每個看起來是弱者的人都需要我們同情，如果他可以自己改善這個情況，那就不值得我們的貢獻。」同情這個感覺很珍貴，要用在正確的對象上，給予的人當然會希望接受到這個幫助的人變得更好，不是嗎？

對於同理心的分際拿捏還是必須要提醒孩子，也許孩子還是會覺得他看起來值得同情，但我們得提早告訴他某些事實，因為無條件的對這些人施捨與憐憫，不僅是濫用同理心，也浪費社會資源。更重要的是，若孩子發現他所奉獻的愛心是給了假弱勢之名的人，不僅會讓他對同情這件事感到質疑，也會因為被欺騙而留下負面的記憶。

麻麻，我也痛痛：萌芽的同理心

能設身處地，孩子就會離冷漠這兩個字遠一點，在期待孩子有同理心，懂得關懷和體恤別人時，我們自己也要先這樣做，更別忘了提醒孩子雖然有很多種方式可以表達安慰和關心，但一定要讓對方感到被尊重。

喂，這個月透支！
你藏在衣櫃裡的2萬
我先拿去墊囉！

驚驚！！

!!

?!

拔拔乖喔秀秀！你哪裡痛？

嗚嗚嗚

拔拔心痛！
在這裡

我今天不想乖：學步叛逆期

「麻麻，氣球。」從婚宴拿回來的藍色愛心氣球是妹妹這兩天的新歡，為了怕氣球飛到天花板上，我綁上水球讓它下垂，也讓小人好拿。

「要在桌上！」遞給她氣球的瞬間，小傢伙瞬間抓狂，歇斯底里的大哭起來，明明是自己說要拿的卻瞬間改變心意，立刻變臉暴走。這樣的戲碼是本周第五次演出了，看來可以正式宣告進入 1 至 3 歲的學步叛逆期。

「我放在桌上，好不好？」

「氣球跑走了，嗚哇哇哇。」果然沒那麼好搞定，這階段的孩子不難纏怎麼會有「兩三歲豬狗嫌」的說法。

「很難過對不對？」這時候不能講道理，也不能責備，因為她聽不懂也不想聽，眼下的情形在孩子的認知裡，比任何事都還天崩地裂，而唯一能做的就是讓孩子知道我們了解她想暫時「青番」（臺語）的情況。

「妳還想拿氣球嗎？要放哪邊？」她稍微平靜後，我重新問一遍。

「拿著！」這一刻笑得比天使還燦爛，完全無法想像前一秒的暴風雨，我笑了笑，接受了老嬰兒要長大的事實。

孩子不是故意要壞

有沒有這樣的經驗，在我們青少年叛逆的那段時光，看什麼都不順眼，爸媽問「你為什麼要這樣做？」時也說不出個所以然，只覺得全世界都在跟我們唱反調，當時我們正在經歷急速成長，外來的刺激讓我們瞬間長大，也對人生產生了很多的疑問。

孩子在從嬰兒轉到兒童的時期跟我們當時叛逆心情很像，正逢自主人格的發展和許多的學習情境，眾多刺激下有可能一時無法適應。比如說，因為會走路、會自己吃飯、會交談而讓孩子發現「好多事情好好玩」、「我可以自己做這些事了」，他們當然想冒險，藉著和他人的接觸來了解未知世界。有的孩子會在過程中走得很好，碰到挫折或困難也覺得沒什麼，再試一遍就好，平靜的度過叛逆期；但大多數的孩子會跌跌撞撞，

為無法清楚表達情緒而發脾氣，小小的心裡想著什麼卻說不出來，一定會感到懊惱。

這時我們要先接納他們的情緒，有可能他們因為還說不出完整的一句話，只能說出「不要、不喜歡」之類而感到氣急敗壞，我們可以帶著他們找到原因，比如「是因為找不到蠟筆不開心嗎？」、「不喜歡把水壺放在右邊嗎？」或是用有趣的事情轉移他目前的挫折和沮喪，好比「不要找不見的拼圖，那我們先去騎腳踏車，搞不好回來就會找到囉！」別在孩子擺明就是在「盧」時，用負面的語氣或態度批評、對待他們，要以體諒代替不耐，別忘了孩子無時無刻都在學習你的情緒管理。

允許暫時變回小嬰兒

我們長大在社會打滾之後，有時也會渴望回家賴在爸媽身邊，孩子也一樣，在摸索獨立的同時，常常會覺得信心不足感到害怕，會想躲回爸媽溫暖的懷抱，這時別過度強硬催促孩子：「你不是長大了嗎？這沒什麼好怕的！」

想嘗試並不代表他有完全的信心，跨出的每一步還是戰戰兢兢的，我們可以鼓勵他們的勇敢，但也要適時告訴孩子，往前走的時候別害怕，即使跌倒了受傷了，可以跟爸媽說哪裡不舒服，讓我們一起療傷；成為孩子無後顧之憂的港灣，是爸媽在這段時期重要的角色。但更重要的是，我們必須讓孩子了解，並不是一耍脾氣，一碰到挫折就可以回頭找爸媽解決，我們給的是陪伴和建議，而不是代替長大的權利。

例如孩子突然說，他要自己睡覺不要爸媽陪，到了半夜卻抽抽噎噎的跑來找爸媽，這時我們別直接拒絕他說：「你決定一個人睡，不是嗎？」先問清楚不敢一個人睡的原因，是怕黑？還是不習慣？試著用輕鬆的故事或道具讓孩子覺得仍然有人陪伴他，比如「熊大陪你一起睡好不好，他會像保護兔兔一樣保護你。」讓孩子從不安中緩和，再慢慢獨立，因為成長是漸進式而不是跳躍式的，還是得在孩子覺得舒服和安心的狀態下，才能夠順利度過這段叛逆風暴期。

我今天不想乖：學步叛逆期

　　當孩子從嬰兒時期轉到兒童時期，會經歷自主人格發展和許多學習情境，接受眾多刺激下有可能一時無法適應。大多數的孩子會走得跌跌撞撞，這時我們要用體諒代替不耐，別忘了他們無時無刻都在學習你的情緒管理。

都要跟妹妹分一半嗎？處理手足衝突

「麻麻，那是什麼我要吃！」回家時我拎著朋友送來的小蛋糕，濃濃的香氣一下子就把兩隻小傢伙給吸了過來。

「只有一塊，小歐你跟妹妹一人一半。」平分蛋糕後，小歐很快吃光他那份，「我沒有了，妹妹還有，她吃不完！」拿著叉子就要向妹妹那盤進攻，立刻被我攔住。

「要先問妹妹，她只是吃比較慢，不代表她吃不完。」妹妹這時直接用手抓，大概是聽到「慢」這個關鍵字。小歐一看蛋糕無望，突然火大起來。「我以後不要跟妹妹分一半！」總算來了，手足戰爭。從「我」到「我們」，從「自己」到「一起」，怎麼可能沒有衝突？

五不：不介入、不選邊、不偏心、 不貼標籤也不聽告狀

「哥哥給我兔子！」妹妹宏亮的聲音從房間傳來，我偷看了一下。那隻畫畫兔是塗鴉用的可水洗娃娃，哥哥寶貝得很，連我們要拿都得經過他首肯，妹妹今天可能要踢到鐵板了。

「這不能一人一半！我不要跟妳玩！」我在門外偷笑，看戰火一觸即發的態勢，我和老爹使了個眼色，今晚各自抓一隻陪睡。「來，我們講故事。」我帶著小歐進房，作息一如往常，進門前他停下腳步，探頭張望。「妹妹呢？」還是忍不住問了。

「你要妹妹一起來嗎？」聽到「一起」，他猶豫了，的確還在吵架狀態中沒錯。「那兔子要借她嗎？」

「當然可以不借，這是你的權利。」在孩子吵架時，我不介入他原始的想法和選擇，也不為哪一邊說話，更重要的是，沒有哪一個會因為比較疼愛而永遠勝出。大原則來說，就是一定先旁觀，以不變應萬變，除非孩子已經打到不可開交。孩子該在這時學習到容忍或慷慨，和如何化解紛爭。

小傢伙點點頭，抱著兔子邊聽我說故事，邊在床上滾了起來。「那

今天開心嗎？」這總是我們睡前聊的最後一句。「不開心，妹妹呢？」不等我回答，小歐已經自己跑下床，還帶著兔子。回來的時候，妹妹右手抓著兔子，左手被哥哥牽著。我重新講了一遍故事，也順便告訴他們，「一起」開心的樣子真棒！

在爭執過程中，還有另外兩件很重要的事，千萬別脫口而出「哥哥就是這樣小氣」、「妹妹就是髒兮兮」這樣的話，貼上標籤之後，小孩很容易模仿和認同這樣的角色，之後也會輕易對人提出負面批評。另外，別任意受理告狀，告狀這件事情是小孩最會做的事情，有的孩子常把「我跟麻麻講」、「我去找阿公」之類的話掛在嘴邊，久而久之，不僅喪失了自己解決問題的能力，也容易覺得凡事都有靠山，各類媽寶、爸寶和公嬤寶就是這樣訓練出來的。

你還是最特別的

即使我很少比較孩子，但還是無法防止來自其他人的評論，比如說「妹妹吃得好多，以後比哥哥高，哥哥羞羞臉喔！」或是「哥哥都不會一直哭，妹妹妳壞壞！」之類的話，有時候孩子間的爭執，是大人間無意點燃的，適度的比較，會使得孩子為了達到更好的情況而互相成長，但同一個家庭手足間的比較，就非常需要拿捏尺度，一旦太過，會使孩子出現強出頭或自卑的情況。當孩子做什麼都想贏過另一個孩子，或是做什麼都覺得不會比另一個孩子得到的掌聲多，就會更容易出現歧見、爭吵不休。

當孩子提出「我也吃完了啊？」、「我也很乖啊！」的反問時，我們得格外留意，他已經對比較這件事情顯得不舒服。抽空挑一星期的其中一天，幾分鐘或幾小時也好，單獨陪伴其中一個孩子，我稱之為「secret moment」，孩子都會很珍惜這段獨處時光，利用這時候告訴孩子他在我的心目中非常特別，有我滿滿的愛，別讓他覺得必須要跟手足「搶關心」，讓他知道當他願意分享時，是很棒的事情，但當他想有自己的東西和時間時，都可以被理解，面對手足可以生氣、可以高興，但都要記得，告訴對方為什麼。

都要跟妹妹分一半嗎？處理手足衝突

面對孩子間出現手足衝突時，不介入、不選邊、不偏心、不貼標籤也不聽告狀是相當好用的幾個原則。另外撥出一段時間和孩子個別相處，藉此讓他們了解即使多了兄弟姐妹，爸媽的愛也只增不減。

哭了，你們就會來抱我！眼淚不是特權

「麻麻，妳來一下好不好？我堆了好高的 101！」在小歐迷上堆積木之後，只要堆出一個滿意的樣子，就會迫不及待的要我前往鑑定。

「不好意思稍等一下，有通電話我現在一定要打。」孩子對於自己的作品都是非常看重的，如果要他們等待，我一定得好好說明原因。

「好，那妳打完電話趕快來。」小歐有點失望，但還是默默接受我暫時無法前往欣賞的事實，這通電話講得有點久，我邊講邊看著在遊戲墊上的兩個孩子，妹妹正值探索期，不像小歐一樣可以獨自玩耍，一不小心就翻倒了哥哥的水杯弄了滿身溼，也嚇了自己一跳，嚎啕大哭起來。因為在冷氣房裡，衣服溼了容易著涼，我趕緊放下電話拎著妹妹進房換衣服，也抓著機會念了這皮小孩一頓。

「麻麻，嗚嗚嗚！」才剛把妹妹搞定，門外小歐居然也哭得呼天搶地，由於聽來實在哭得太傷心，我抱了妹妹趕快出來看看發生何事。

「怎麼了嗎，有哪裡受傷還是不舒服嗎？」看到我出來，小歐一把鼻涕一把眼淚的衝上來抱我。

「這個積木都擺不好，一直掉下來！」

「你可以再多試幾遍，哭並不會幫助你擺好積木，可以告訴我為什麼要哭嗎？」因為這個哭點實在太奇怪，讓我忍不住追問起來，小歐沉默了一下，看來是在想要不要告訴我真實的理由。

「妹妹哭了妳就抱她，我叫妳來看 101 妳都不來。」孩子是天真的，他直覺用哭可以吸引我注意，於是決定採取這樣的行動來達到目的。

「麻麻並不是因為妹妹哭了先去抱她，而是因為她可能會受傷或有危險，所以你不應該用哭來引起我的注意，知道嗎？」

「那我不哭的話，妳才會來看？」

「看你的 101 是一件很棒的事，我們要開心不要哭，來，你教我和妹妹怎麼堆得這麼高好不好？」小歐用力點點頭，踮著腳又往上堆了一塊積木。

別妥協也別強調哭泣這件事

　　其實我們都了解，哭是一種正常的情緒發洩，但碰到孩子無止盡的哭鬧，真的會讓爸媽一個頭兩個大，當哭的次數越來越頻繁，也越來越傾向無理取鬧時，我們必須開始審視，孩子是不是認為「哭」可以解決問題？

　　有的孩子天生敏感，這時別立刻替他們貼上「你是愛哭鬼」、「就只會哭」等標籤，因為這樣的批評，只會讓已經情緒不好的孩子更利用哭來和父母對抗。我們可以試著安撫或抱抱孩子，鼓勵他慢慢說出哭的原因，希望我們怎麼幫忙，一旦孩子情緒開始緩和，試著說出原因時便加以稱讚，比如「你看，沒哭的時候麻麻一下就聽懂你要說什麼了，下次不開心的時候直接跟麻麻說，用哭的，我就不知道你在難過什麼。」

　　而在確認孩子並沒有什麼特殊原因卻哭鬧時，我們可以先冷處理，不特別強化哭這個行為的效應。如果大人因為哭鬧便情緒也跟著起伏，很容易讓孩子覺得這是種可以吸引注意的方式。遇到越強烈的無理取鬧，我們越要顯得若無其事，別因為不耐煩就脫口而出「你不哭，我就給你巧克力。」、「你哭就不帶你去買玩具。」這類有交換利益的話，久而久之，孩子會以為只要他先哭再裝乖，就可以贏得某種獎勵，反而養成投機心態。

　　但當碰到較為軟弱的孩子，因為他們通常信心不足、不夠堅強也缺乏安全感，抗壓性相對較差，就更需要耐心協助，只要孩子稍微比上次哭得短一點就恢復平靜，就盡量給予正面鼓勵，一開始也不要過於疾言厲色，這樣的孩子適合用小遊戲或是玩偶來幫助他們轉移注意力，比如「米奇娃娃看到你哭也好傷心哦，我們先來安慰他好不好？」讓他們學會安慰別人，也會慢慢減少過度的哭鬧。

哭了，你們就會來抱我！
眼淚不是特權

碰到孩子無理取鬧時，可以試著安撫或抱抱他，一旦情緒開始緩和，試著說出原因時，便加以稱讚，讓他們知道，哭不是唯一解決事情的方法，也不是可以拿來予取予求的手段。

妹妹，我在這裡：體貼與照顧

「麻麻，妹妹哭了！」在廚房忙碌的我當然也聽到了，但我手上剛好在處理油膩的食材，只能先探頭出去了解狀況，原來是妹妹午睡起來找不到我，正撒嬌的放聲大哭。

「妹妹等一下，麻麻洗手。小歐，你願意幫我照顧一下妹妹嗎？」雖然小歐是老大，但我在請他看顧妹妹前，一定先問過他的意願。「好，我去陪她玩。」小歐跑去翻開箱子，抱了滿手玩具，我趕緊爭取時間，把該清理的東西盡速搞定，妹妹的哭聲依然宏亮，期間我聽見小歐又跑出來好幾趟，似乎是換了好幾種玩具。漸漸地，妹妹安穩下來。

「妹妹不哭，我在這裡。」我放輕腳步偷偷往房裡瞧，小歐正用他小小的手拍著妹妹，邊唱著兒歌，跟平常我在安撫妹妹時做的一樣。妹妹旁邊有奶瓶、小海馬還有手搖鈴，而她正拿著水瓶，原來這孩子每回跑出來拿的都是給妹妹的東西，而不是隨便找玩具充數，看到這一幕，我悄悄離開門口，想到孩子能從被照顧者變成照顧者，心裡滿是感動。

不料沒一分鐘，又傳來哭聲，我走回現場，看見滿頭滿臉都是水、模樣狼狽的小歐，看來是妹妹水瓶沒拿穩，波及了小歐，也嚇到了自己。

「妹妹，哥哥辛苦照顧妳，這樣的行為不好喔。」我有點心疼小歐，但也明知妹妹根本還處於無法控制手部力量的階段，只能小小訓示一番，也趕快拿毛巾幫小歐弄乾。

「麻麻沒關係，妹妹還小不要罵她啦，妹妹不怕。」小歐似乎覺得受他保護的妹妹被責罵，立刻挺身而出，還拿了毛巾幫臉上只被潑灑到一點水的妹妹擦拭。

「體貼的哥哥，也要記得照顧自己喔。」我摸著小歐的頭，感覺他又長大了點。

尊重每個孩子體貼他人的方式

當孩子逐漸參與社會化過程，慢慢會學習照顧自己也協助他人，當開始有手足或是進入幼稚園等小團體，這樣的發展會更顯著，而最直接的表現就是以實際行動或口頭關懷爸媽、手足和其他小朋友。

不同個性的孩子有不同的體貼方式，比如個性外向活潑的孩子會問「拔拔你很累嗎？我幫你搥背。」或是「麻麻妳不開心，我唱歌給妳聽？」但較為內向害羞的孩子，則可能選擇靜靜地陪在一旁，不管哪一種方式，都應該感恩他們願意主動付出關心的善意，尤其是相對慢熱的孩子，他們需要多一點的時間和人互動，別因為看到其他孩子在大家面前表現良好，就心急地帶著比較的語氣指責孩子「你看小穎都會幫忙其他小朋友，你為什麼不像他一樣貼心？」可以轉換語氣說「你看小穎都主動幫忙大家，下次我們也像他一樣問問其他小朋友需不需要幫忙，好不好？」另外，很重要的是，別在無意中壓迫和過度期許孩子照顧他人，這樣反而會讓他們在團體中備感壓力。

給孩子多點「被需要」的機會

我曾帶孩子去過幾次生活體驗營，其中有次的課程是照顧假娃娃，看到兩三歲的孩子認真的說「手不可以吃啦，怎麼哭了哪裡痛？我泡奶奶給你喝好不好？」那些大人樣又童稚的話語，在可愛之餘也讓人發現，創造多點情境讓孩子感到被需要是很好的訓練。而帶領孩子參與公益活動，比方參觀育幼院或慰問老人，也可以激發他們的同理心，在大家都伸手主動幫忙他人的環境之下，孩子很容易感同身受而身體力行。

若遇到新聞報導哪裡有意外事件或受災戶，我們也可以問問孩子「山區很冷沒有足夠的衣服穿，我們一起準備衣服給他們好嗎？」讓孩子參與幫忙，在這些過程中，一旦我們樹立起正面的態度為榜樣，孩子也會自然的養成能夠照顧自己也關心別人的良好態度。

妹妹，我在這裡：體貼與照顧

　　每個孩子有不同的體貼方式，個性外向活潑的孩子會主動詢問，內向害羞的孩子則可能選擇靜靜地陪伴，不管哪一種方式，都應該尊重他們願意主動付出關心的善意，別在無意中壓迫和過度期許孩子照顧他人，而讓他們備感壓力。

四隻腳的哥哥姐姐：寵物也是家人

「爆爆，你們家怎麼還在養狗，狗狗會咬人又有很多細菌，趕快叫麻麻送走啦。」社區有位大嬸是裝懂魔人，口頭禪是「我跟你說」，大絕招是失憶症，認真跟她解釋的事情永遠被跳針處理。

「不好意思，腸頭是我們家的一份子，對爆爆來說是姐姐，我想正常的爸媽都不會因為有了弟弟而遺棄姐姐，而且也不會有姐姐沒事跑去咬弟弟吧。」因為重複的話我回答太多遍，無奈地極為熟練。

「所以你們這些年輕爸媽都不懂，狗很髒細菌很多，會害你過敏生病耶。」她不僅面露嫌棄神色，還帶了一個驅趕的手勢。

「不要丟掉腸頭姐姐，她沒有髒！」爆爆突然出聲捍衛，嚇得大嬸不敢再往下講。

「麻麻，三樓阿姨好奇怪，為什麼要對腸頭姐姐這麼壞？」不問，我還以為爆爆已經忘了這件事。

「有可能因為她不喜歡狗，然後腸頭也不是她的家人。」

「那她身上真的有很多細菌會讓我生病嗎？」

「細菌到處都有，你身上有，我們身上有，腸頭當然也有，所以我們要養成好習慣，隨時洗手減少細菌傳染，另外腸頭也有定時洗澡和驅蟲，也是為了保持乾淨。其實，有時候骯髒的環境比寵物身上的細菌還多，像塵蟎反而才是害拔拔過敏的壞東西。」我盡力把目前想得到的情況都解釋給孩子聽。

「哦，我知道了，腸頭來洗手！」看著兩個傢伙在客廳追逐，好吧，也算有聽懂啦。

維持乾淨與安全的相處環境

在爆爆出生之前，我們就有了第一個女兒，奶油色的短腿小臘腸，爆爆長大的過程中她沒有一天缺席，這樣的相處讓孩子理所當然覺得出門就是一家四口。

但一路走來，我們受到的關懷和勸說幾乎沒有停過，即使有再多的

實證和醫學研究說明嬰幼兒自小和寵物接觸有諸多好處，加上我近乎潔癖的打理環境，都無法消弭這樣的言論。尤其是在新生兒抵抗力較弱的時期，若擔心寵物對嬰幼兒造成影響，除了盡力保持家中環境整潔外，也可以先以簡單隔離和使用空氣清淨機等輔助方式，觀察嬰幼兒與寵物相處時的健康狀況，一旦發現適應良好，便可以逐步解除隔離。

若孩子真的有過敏情況也可先抽血檢查，毛屑的確有可能造成過敏，但並不是絕對，若是對塵蟎之類過敏，把寵物送走並不能解決問題；另外根據許多醫學報導顯示，即使真的發現孩子對塵蟎和貓狗毛過敏，環境控制也是最先該做的事情，因為這些過敏原不可能完全消除，只能勤打掃或控制溼度。

而當寵物和小孩相處時，大人也必須在旁注意安全，有時孩子可能因為還不會控制力道，或是誤踏寵物地盤，導致被抓傷或咬傷，為了避免意外發生，平時再溫馴的寵物也不能過度掉以輕心。

互相照顧的親密關係

還記得兩個孩子小時，一旦在房間放聲大哭，腸頭總比我衝得還快，當時我不確定是否和懷孕時我不斷告訴她將有弟弟妹妹來臨，或讓她感覺我肚皮的起伏有關，但後來發現，這個毛姐姐真的對兩個弟妹相當容忍，也很體貼我有時無法照顧她的為難，我想這一切的平和相處，應該都與將之視為一家人的親密互動有關。

寵物在培養孩子的責任心和溫暖的性格上有非常大的幫助，哥哥漸漸長大後，起床的第一件事就是去看腸頭的水盆和飼料盆，而我也慢慢會交付給他幫忙倒飼料等一些較為簡單的工作，讓孩子自然的與毛小孩相伴成長，教導他尊重生命。但有些爸媽因為想替孩子找個伴、孩子覺得可愛或是以為養寵物能訓練孩子的責任感便養起小動物，結果在孩子興頭一過覺得麻煩，就找盡藉口棄養，反而苦了寵物，不僅讓孩子更不懂得尊重生命，也在孩子面前做了最自私的不良示範。

四隻腳的哥哥姐姐：寵物也是家人

　　讓孩子自然的與毛小孩相伴成長，是尊重生命很好的課題，也能夠訓練孩子的責任心和培養其溫暖的性格，只要盡力保持家中環境整潔，做好環境控制及注意安全，寵物和小孩絕對可以和平共存。

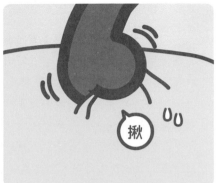

揪

驚！

噢嗚嗚嗚！！！

救郎喔！！！

嗚啊！

這不是家裡的狗狗面紙盒啦！

揉鼻涕

我跟麻麻一樣在炒菜：
模仿是學習的第一步

「絕地你先看一下故事書，麻麻煮個飯。」時間有點晚，我趕緊動手準備晚飯。「麻麻等一下！」不知想到了什麼，絕地轉身跑走。「你看，我也會煮飯。」挖沙的耙子被拿來當成鍋鏟，還挺像的。

「好，但要像我一樣，做菜時小心安全，隨時保持乾淨。」即使明明知道絕地在模仿，也要陪他玩得很真實。「是不是要先洗米？再切一切？」因為只看到部分景象，絕地就自己拼湊劇情了，孩子學著我平常的一舉一動，連拍蒜頭的動作都如出一轍。

「洗米前可以先浸一下，煮起來會更好吃，米不用切，蔬菜、肉才需要切，切完以後不僅比較好煮，也會更方便調味。」我邊講邊操作一遍正確的流程，孩子看得很專心，甚至踮起腳來，為了更仔細觀察。我刻意放慢動作，做一會就停下等他一起完成。當然，我切的是真正的菜，而絕地手上的是木製道具，但絲毫無損臨場感。

「煮好了，麻麻快來喝湯，是香菇雞湯。」

「我的還要一下下，那我先喝一碗你煮的湯，看來好好喝！」我接過碗，裡頭有紅蘿蔔、萵苣、玉米等滿滿好料，是我常煮的湯沒錯。

「很燙妳要吹，呼呼！」絕地突然提高分貝，就像平時他們要用餐前我不厭其煩的提醒。「還好你有提醒我，我都沒發現還有煙。」我吹了好大一口，絕地滿意的笑了。

善用孩子愛模仿的時機

孩子還小的時候，我就喜歡用各種表情來逗他們，當時就發現他們不經意會流露出模仿行為，看到我擠眉弄眼，他們也會依樣畫葫蘆，隨著日漸成長，孩子對周遭人事物更加好奇，模仿的對象也不再限於親近的照顧者，兄弟姐妹、其他玩伴，甚至常遇到的便利商店店員，都可能成為模仿的範本，在複製行為中學習適應社會，也表現出他們接收到多少新刺激。

於是，在發現孩子有模仿行為產生時，要抓緊機會引導他們，由於他們還處於對有興趣的事情照單全收的時期，無法分辨什麼是該學的，什麼是不該學的，我們可以在孩子模仿好的行為時，盡量給予鼓勵和稱讚，當他們發現這樣的動作會讓贏得注意和笑聲，自然會多表現正面的行為。比如當我在摺衣服時，孩子很喜歡跑來看我在做什麼，這時我會把他的衣服交給他，讓他跟著我的步驟，試著摺自己的衣服，過程中無論如何都不打斷他的節奏，完成時才告訴孩子「自己動手摺真的很棒，我們還可以再更棒一點，你要不要再看一次示範？」孩子因為得到肯定，而在下一次的模仿行為中，更加貼近正確方法。

千萬別低估孩子模仿的能力

因為孩子有著超強的模仿力，身為第一線的照顧者，尤其是爸媽，所有身教言教都相當重要。我曾在馬路上攔住一個想闖紅燈的小男孩，當我提醒他「不可以闖紅燈，很危險你知道嗎？」時，他的回答卻是「但麻麻每次都帶我直接跑過去啊。」可見小男孩已經認為闖紅燈「是對的」，而直接模仿了這個危險行為。大人一時僥倖的心態，一旦在孩子潛意識中根深蒂固進而加以模仿，有可能會造成非常嚴重的後果，所以我們在孩子面前的一舉一動都要相當注意。

而當孩子突然出現奇怪的表現，或是負面行為時，比如最常見的打人、攻擊他人或粗俗言語，我們要找出是什麼樣的環境或對象給予孩子這樣的學習機會，孩子常會因為覺得有趣、好玩或崇拜而模仿某種行為或語氣，他可能發現在公園裡一起玩的某個小男孩，因為講話或動作很霸道，或是把要來排溜滑梯的人一腳踹開看起來很厲害，沒有人敢欺負他，而讓生性較為怯懦的孩子覺得羨慕進而想模仿。這樣的情形發生時，我們可以先不理孩子，讓他知道這樣做一點也不有趣，也無法吸引爸媽注意和認同，千萬不要覺得沒什麼，還跟著一起笑鬧，或是反過來模仿孩子的行為，這樣會讓孩子誤以為這種表現是被允許的，屆時就難以矯正了。

我跟麻麻一樣在炒菜：
模仿是學習的第一步

發現孩子出現模仿行為時，要抓緊機會教育，在他們模仿好的行為時，給予鼓勵和稱讚；而當孩子出現負面行為時，別覺得有趣跟著一起笑鬧，或是反過來模仿孩子的行為，這樣會讓孩子誤以為這樣的做法是正確的，產生錯誤認知。

……

書上說角色扮演可以幫助小朋友成長……

讓這小子體會一下
爸爸的辛苦。

也好，

我們來玩個遊戲，今天
讓你扮演爸爸角色一天

啊?好啊!

後來

怒!

啪!

啊哈哈!
打屁屁、打屁屁!

樂

真想宰了那
兩個作者……

握拳~

啪!

啪!

你們在吵架嗎？不同調教養

「我說過多少次，吃飯的時候一定要掛圍兜，紙杯一定要放吸管，你看水倒了一桌，衣服都溼了。」

「再換一套衣服就好了，水杯我請他們加個蓋子，沒那麼嚴重吧，小孩都大了，還要每件事都這麼大小聲嗎？我們是來度假的啊。」

「每次都這樣，我說的你都不當一回事！我花多大力氣建立孩子的規矩，一要你幫忙照顧就搞砸，說什麼度假，我還不是忙得要死！」這對夫妻從一進門就非常引人注意，因為媽媽忙東忙西的照料孩子和吆喝先生，與先生的慢條斯理形成極大對比，夫妻倆爭吵時小女孩杵在中間，不知如何是好，想當然那餐飯，嚥下去的肯定是很糟的氣氛。

找孩子一起傾聽另一方的意見

「我們有次也這樣，記得嗎？」當然記得。很少大聲吵架的我們，那次失控破了例，導火線是某位長輩硬塞給已經生病的小歐一枝冰棒，結果回家病情加重，咳到吐了滿床，當晚我們因為忙於照顧而沒有力氣討論，沒想到幾天後，這位長輩又再給了還未痊癒的小歐冰飲料，但小歐爸卻沒出聲制止，惹得我回家後趁小歐睡覺時爆發不滿。

「小歐明明就還在生病，為什麼不能等他好了再給？」

「我們假裝收起來，不要喝就好了。」

「這不是禮貌客套的問題，是健康和原則問題，我們都已經規定他，咳嗽時不能吃冰的喝冰的，這樣不是自打嘴巴嗎？」我再也忍不住地拉高分貝的和小歐爸爭論起來，希望他真的了解我為何如此堅持原則，也以為小歐在睡覺應該沒有發現。

想不到隔天不一早起來，小歐就小小聲地問我。「麻麻，妳和拔拔在吵架嗎？都不講話。」

「我們對事情有不同的看法，要先想一想。」即使我們已經特意不在小歐面前爭論，但他還是如此敏感，甚至在往後我們比較少說話時，也會關心我們是否在吵架，從此我們在溝通上也更加注意。

在教養過程中和另一半有相左的意見時，先不要加以評論，可以帶著孩子一起聽聽對方意見，也可以藉由孩子的在場稍微和緩嚴肅的氣氛，陳述的一方就單純的說出感受，「我把孩子的玩具拿起來，是因為要吃飯了，但你因為孩子哭求就把東西給他，這樣讓我很為難。」別在過程中加上負面評價「你那什麼爛方法」、「孩子給你這樣教就完了」，不僅會讓雙方關係惡化，也會讓孩子以為在爭論時口出惡言是被允許的。

當兩方都說明感受後，不一定要立刻決定遵從誰的教養方式，因為不管是誰的方式被選用，都形同間接告訴孩子另一方的教法是錯的，也不要問孩子「那你覺得拔拔對還是麻麻對？」之類選邊站的問題，因為這只會造成孩子遇到狀況時，投機的尋求避風港或白臉角色的庇護，而對該遵守的事情避重就輕。

大原則之下尊重彼此主導權

教養孩子的共同大原則可以透過平日的溝通就訂出來，比如「不能說謊」、「吃飯時間到了就要洗手」等屬於品德或日常規矩類，應該很容易能取得共識。遇到某一方先主導時，即使不認同也先耐著性子尊重對方，若已產生怒氣無法冷靜待在現場，請確認孩子不會因對方情緒而受到暴力對待後，暫時離開現場。若真的克制不住而在孩子面前爆發爭執，也要在事件過後，兩人分別利用和孩子的單獨相處時光好好說明，告訴孩子兩人都愛他，因為替他想得更多才會討論得比較激烈。

一次嚴重的爭吵，都需要很長的修復期，孩子腦海中可能已經存在讓他害怕的畫面，我們必須小心協助孩子走出陰影；夫妻雙方也要在事後平心靜氣的聊開，若只是在孩子面前維持表象和諧，再度遇到教養不同調時，累積的情緒很容易再被挑起，反倒會讓孩子覺得爸媽怎麼一天到晚為了他在吵架，可能會內疚自責，而出現無所適從的焦慮感。

你們在吵架嗎？不同調教養

　　教養過程中難免會與另一半出現相左意見，平日就訂出共同原則，出現爭執時也比較容易取得共識。也避免問孩子要選哪邊站，這只會造成他們遇到狀況時投機的尋求庇護，卻對該遵守的事情避重就輕的態度。

好痛，又踩到玩具，怎麼不收好？

啾……

麻麻，妳看小歐玩具又沒收好，妳都不跟他說一下！

什麼，你沒看見我在忙嗎？

麻麻不在家：給爸爸和孩子單獨相處的機會

「工頭，明天麻麻要和外婆去南部，你要跟拔拔一起照顧弟弟喔。」

「你不陪我們一起睡覺嗎？那誰來講故事和問我今天好不好？」

「拔拔啊，我會的拔拔也都會，而且他的故事都超好聽的。你們要當拔拔的小幫手，我明天就回來。」看著兩個孩子有點不安的神情，我忍住了想叮嚀的話語，既然完全放手，就信任另一半，雖然他看起來老神在在。

「麻麻，拔拔昨天幫我修洛比機器人，還把弟弟舉高高飛起來，然後把腳並起來讓我們一直溜滑梯。」隔天才剛到家，工頭就興奮地衝來向我報告，原本還擔心會出現哭訴或抱怨的畫面，看來我是白擔心了。

「好棒，那你們下次還要玩什麼呢？」

「拔拔說要教我踢球，以後跟梅西一樣厲害。」一個晚上過去，感覺另一半和孩子間多了好多話題，也拉近了距離。

「謝謝你，昨天晚上辛苦了。」不論是不是很順利地過了一晚，我還是覺得照顧者的努力值得肯定。

「沒什麼啊，就是玩了一整天。」大玩偶的角色，果然由爸爸擔任還是最適合了。

製造孩子和爸爸的約會時光

前一陣子先生的工作很忙，回家時孩子都睡了，早上孩子還在夢鄉時他又趕著出門上班，因此我早就在盤算等孩子的爹稍微有點空檔，要幫他們製造一段親子約會時光。第一次完全放手，當然會有點小擔心，畢竟平時照料孩子的細節都是我一手打點，老公則擔任得力助手的角色，聽從我指揮大局，現在突然要從副手晉升為一手包辦，的確是個不小的挑戰。

就算是雙薪家庭，大多數照顧工作還是落在母親身上，媽媽需要上班、帶孩子，還要做家務，負擔並不比早期的全職媽媽來得輕，但許多父親在家庭中的角色還是如早期男主外女主內一樣，認為照顧小孩是女

性該做的，或是也怕自己做不來，只願意把自己定位在經濟提供者的角色，久而久之，不僅疏離了親子關係，也會因為不夠體諒而讓另一半心生怨言，導致家庭氣氛不佳。

與其抱怨老公不夠體貼，不懂得協助教養，不如主動製造機會讓孩子與爸爸單獨相處，妳會發現父子間會用媽媽完全想不到的方式玩樂，爸爸通常會跳脫常規包袱，用非正軌的方式讓孩子覺得新奇有趣，而且也可玩一些媽媽比較做不來且較費體能的活動，或者可以請先生帶著孩子去買東西或散步，在半途講個小故事或只有他們才知道的小祕密，也是增加親子溫度的好方法。

別忽略爸爸的影響力

許多研究都指出，有一方缺席教養時，即使另一方用再大的心力或時間來彌補，都還是很難抵過自然的雙親教養，因此別以為只要有一個人能把小孩管好教好，另一半存不存在都沒有關係。

事實上，父親的形象幾乎就是小男孩對於未來模樣的投射，也是小女孩接觸「男性」角色的開端，即使沒有天天接觸，也具備了強大的影響力。因此就算另一半很忙或身在異地，也要常常告訴孩子：「拔拔每天都想著你，而且很愛你。」隨時提醒孩子爸爸的重要性，若無法常常見面，也鼓勵孩子主動聯絡爸爸，報告近況或是聊天都好。

如果另一半比較被動，也要適時提醒對方定時關心孩子，且不要忘記回應孩子。而當孩子問起：「拔拔呢？怎麼不在家？」表示他感到想念或納悶爸爸為什麼常不在身邊，這時更需要好好回答他們，別加諸自己的情緒，說出「他就只會工作」、「小孩不用管大人的事」這類的話語，除了會讓孩子發現爸媽關係不佳之外，也會漸漸忽視父親的存在，最後造成易怒、具攻擊性和消極等負面性格。

麻麻不在家：
給爸爸和孩子單獨相處的機會

　　許多媽媽白天上班、晚上帶孩子，還要做家務，負擔並不比全職媽媽來得輕，建議這些辛苦的媽媽主動製造讓孩子與爸爸單獨相處的機會，既能減輕自身負擔，也能增加先生和孩子間的溫度。

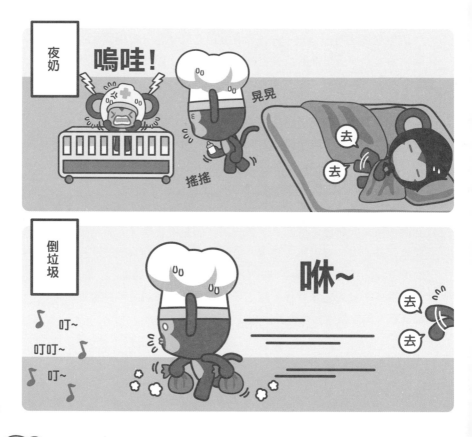

修水電

出門旅遊

發薪水

畢恭畢敬

嗯哼哼

老婆請笑納

「男人的責任」
這句話還真不錯用！

一起看世界：親子共遊

「小歐，你來看這個。」小歐爸拿著一個地球儀，招手呼喚小歐。

「這是什麼？為什麼會轉來轉去啊？」

「這是地球儀，我們住的臺灣在這，往右上方看就是日本，是我們下個月要去的國家。」小歐爸轉動著地球儀，指出了臺灣和日本的相對位置給小歐看，小歐超級興奮。

「而且我們要坐飛機去，就是有天在路上我們看到在天空上飛的那個。」小歐媽拿出手機，秀出飛機的照片。「耶，我要坐咻咻的飛機，去日本玩。」

「那你跟拔拔麻麻一起計畫好不好？」當然，事實上小歐是幫不了什麼忙的，但看到小歐開心的抱著地球儀轉來轉去，大家都笑了。

旅行帶來的不同體驗

孩子和大人一樣，在轉換環境時會感受到不同的刺激，身處的環境和平常有所不同時，或多或少都會接觸到不同的文化洗禮，不管是短暫或是長存在記憶裡都會造成一定的影響。認真說起來，孩子不一定知道所謂的「出國」是什麼意思，他可能只覺得是跟著爸爸媽媽坐飛機，住了旅館，吃吃喝喝，無法太明確了解國內、國外的差別，但爸媽怎麼引導他玩，卻可能會成為記憶中一個鮮明的亮點。

之前曾帶孩子到日本山陰境港感受妖怪魅力，平常在電視小框框裡的鬼太郎、眼球老爹和鼠男等，活靈活現地出現在列車和整個鎮上，每看到一個故事中的妖怪銅像，小傢伙都開心得很，回來後看著卡通，還會糾正我們說錯的地方，提到鬼太郎故鄉，就立刻想起眼球路燈、妖怪饅頭，和店員阿姨送他的鬼太郎鑰匙圈。我們藉這個機會告訴孩子，境港是鬼太郎作者水木茂的出生地，把畢生心血和故鄉結為一體，是很棒的事情。

孩子當時聽了，還連著發問「故鄉是什麼？」、「他是很厲害的人嗎？」之類我們沒料想到他會問的問題。一趟旅行下來表現不同的思考方式，不僅讓他自己成長，也讓我們驚喜連連。

學習被平等對待

在家裡，我們即使時刻提醒自己不要寵溺孩子，卻還是會偶爾犯規，但出外旅行，孩子不再是聚焦點，他可能被禮遇，也可能被漠視，他必須要站在和別人一樣的高度與他人互動，踏出第一步後他可能感受到滿滿的暖意，也可能遭受些許小挫折。

試著讓孩子在坐交通工具時自己遞票給站務人員，或者讓孩子用完餐時自己掏錢給老闆。孩子會出現「為什麼那個阿姨讓我們坐？」、「為什麼我跟那個叔叔說 bye bye 他不理我？」種種和人接觸後的問題，我會告訴他：「因為那阿姨覺得你是小朋友，又看到我們拿了很多東西所以才幫助我們，之後你也要找機會幫助別人。」亦或是「有可能叔叔沒看到你，以後長高一點大家就都能跟你揮手囉。」或是「叔叔是第一次看到你，他也有點害羞，才沒跟你說再見，下一次遇到我們再跟他 bye bye 好不好？」

孩子不一定會照單全收這些答案，但我們提供的是不同的思考選項，這些培養獨立所鋪陳的小小訓練，會如同種子一般，在每一趟灌溉後茁壯，讓孩子慢慢變得堅強，我們能做的，是引導孩子在接受善意後能表達感謝，被拒絕後能不退縮，了解原本人與人之間就有不同的相處方式。

讓孩子用自己的存款出遊

現階段提到的存款不太可能真的是孩子自己賺來的，通常是每年的壓歲錢，或是爸媽協助規劃存下的基金。在行前安排時，不管是自助或是跟團，都需要讓孩子了解他正在花「有限」的經費，另外也建立簡單的金錢觀念，從小額開始訓練。

比如機票飯店等屬於較大筆的費用，扣掉這些才是每天可花用的，每天一早出門時，裝在一個特定的皮包裡，在每次購物時便提醒他：「這是最想要的嗎？」、「買完這個的話就沒有錢囉！」、「要不要留下來買更想要的東西？」謹守這些規範，讓孩子知道慾望需要被控制，爸媽不會漫無目的的支援，久而久之，孩子會懂得取捨，也更珍惜物資。

一起看世界：親子共遊

　　在旅行時，孩子會因為接觸到不同的文化洗禮，感受到不同的刺激，不管是短暫或是長存在記憶裡，都會造成一定的影響。一趟旅行下來，孩子會出現不同的思考方式，也幫助他們開拓不一樣的視野。

夏

冬

坐在這裡等麻麻回來：危機應變

「走，我們去圖書館。」爆爆很開心，因為那是一周一次的「啃」書時間，不過今天，有更重要的狀況劇等著他。

「如果麻麻突然不見了，你會怎麼辦？」路上，我開始鋪梗。

「妳要去哪裡？」好厲害，球丟回來給我。

「我是說如果，可能，或許啊。」

到圖書館後，照慣例他會去童書區，我則會以視線不離的方式在旁邊陪他。「麻麻去一下洗手間，你在這等我，絕對不可以離開。」我認真嚴肅的告誡著，他其實有點納悶，因為我從來不會把他放下不管。但嚴格說起來，這不是正確示範，一般爸媽是不會讓這麼小的孩子離開視線範圍的，但因為是危機訓練，總得挑那 1% 的機率來教育一下，另外也檢視一下，爆爆對於「絕對不行」這件事的遵從度和警戒度有多高。

爆爆一向跟我跟得很緊，今天的情況又讓他有點疑惑，所以我消失後不到 5 分鐘，他就已經在搜索我的身影。過了 10 分鐘，他已經想站起來找我，但剛站起來又像想到什麼似的坐了下來。看看時間，我安排的暗樁該出場了。

「你怎麼在這裡？麻麻呢？」是常跟我們一起參加圖書館活動的佑佑媽。「麻麻去上廁所。」爆爆看到熟人，似乎有點鬆口氣。「那我帶你去找麻麻？」佑佑媽伸出手，爆爆也伸出手，但猶豫一下又說，「不要好了，麻麻說不能離開這裡。」這下換我鬆口氣。

「麻麻你這麼慢，剛佑佑麻麻有來。」

「那你怎麼沒跟她走呢？」

「妳說妳會回來啊。」我笑了，心滿意足的牽著爆爆回家。

除了約定好的，一概不管

其實這第一次的危機特訓讓我緊張得很，這半年來，我時不時的給他一點提點，最基本的就是牢記爸媽的名字，因為最起碼當真的走失或發生任何狀況時，要協助的人也知道該聯絡誰，名字之後，我讓他再多記社區大廳電話和我們的聯絡電話。

記得這些並不難，難的是規範，我不斷提醒，一定要遵守「不離開原地」這個約定，陌生人來說要帶你去找媽媽可不可以？當然不行！那熟人來帶你去找媽媽好不好？一樣不行！「你看起來好餓，這餅乾先給你吃，我陪你一起等麻麻。」邊吃東西邊等媽媽？還是不行！我寧可孩子在這時候多說「不」，成為極其龜毛和囉嗦的小孩，也比他「人人好，跟著跑」來得好。總而言之大原則就是，除了我們說好的，其他都不聽、不看、不聊、不吃、不拿，也不跟著離開。

冷靜和大喊，都需要

發生狀況時，大多數人都會愣住或驚慌失措，尤其孩子更可能被嚇到大哭，因此訓練「冷靜」，就變得格外重要。

大人面對危機的反應和處理，會變成孩子在遇到問題時腦中最直接的模擬畫面，我們要盡量避免在面對問題時不知所措甚或暴怒，有時孩子尚未意識到事件的嚴重性，卻先被大人的舉動給嚇了一大跳。

危機狀況發生時，自己的部分還可以靠訓練來因應，但碰到不冷靜的對方呢？比如說孩子走失時，明明安穩的坐在那等爸媽，卻可能碰到兩種情況，一種是善意的協助，這時候請孩子先告訴對方，可以自己等沒關係，若對方堅持要幫忙，可以請孩子跟對方借手機撥打 119，切記不要直接從對方手機撥打給爸媽，因為在這詐騙猖獗的時代，個資和安全考量都還是需要小心。

而若碰到惡意的拐騙，強行要擄走孩子時，拜託孩子一定要用最高的分貝大喊「麻麻你來了，我在這邊！」或是「這叔叔是壞人，大家快來救我！」之類的話，若真的想不起要說什麼，隨便大喊什麼或摔落什麼都好，只要能引起注意，就是最好的方式。

坐在這裡等麻麻回來：危機應變

　　發生狀況時，大人面對危機的反應和處理，會變成孩子在遇到問題時腦中最直接的模擬畫面，我們要盡量避免在面對問題時不知所措甚或暴怒，以不變應萬變，冷靜面對，還是最好用的老方法。

弟弟一點都不可愛：打翻醋罈子

「妳們家弟弟好可愛！逗一下就笑咪咪，甜死人了。」和同窗好友約下午茶的這天，大家都把焦點放在剛會走路的小兒子身上，滿周歲的年紀就是特別容易得到關注，我忙著回應大夥，也同時得安撫另一個小傢伙。

「麻麻，幫我開這個。」、「麻麻，那個我拿不到。」、「麻麻，我不要坐了，我要去另外一邊。」

同時帶著兩個孩子出門的我，早發現工頭的表現不對勁，只要大家一稱讚弟弟，他就立刻高分貝呼喚我，就是要我注意他。回家路上，工頭悶不吭聲，平常主動幫忙推弟弟嬰兒車的舉動也完全消失。

「麻麻，我今天不喜歡弟弟，弟弟一點都不可愛！」

「反正弟弟不可愛，以後都不要喜歡他好了，我去跟他說。」

「等一下，今天不喜歡啦，明天可以。」我忍住笑，明明就愛弟弟愛得要命。

「你跟弟弟一樣小的時候都一直笑笑的，阿姨們看到你笑也就跟著好開心，覺得你好可愛；所以今天她們喜歡弟弟，也是因為他一直讓大家笑喔。」

「那我笑的話，阿姨們也會喜歡我嗎？」

「當然，大家都喜歡微笑的小朋友。」

「麻麻，我讓弟弟笑了，大家都會喜歡我。」原本到家後視弟弟為空氣的哥哥，三步併作兩步跑去抱弟弟，逗得弟弟笑得燦爛不已。

鼓勵孩子用正面的態度吃醋

通常，吃醋的行為比較容易先發生在第一個孩子身上，新生兒或其他新成員加入後，原本備受呵護的情況改變了，一向最疼自己的爸媽不再完全屬於自己，關心程度被分割，就很有可能出現許多負面情緒和反常行為。

比如說特別暴躁或耍賴，看到爸媽抱還在學步的弟妹時，也說自己

不會走要討抱抱，或把較幼小的孩子視為侵略物或競爭者，在語言無法完整表達時，伸手推開或攻擊他們。其實孩子只是為了取得注意，這時候別叱責他們，可以告訴孩子：「是因為我忙著餵妹妹喝奶，所以你才故意摔東西對嗎？但我希望是因為你表現得很棒注意到你，比方說看到妹妹吐奶主動拿口水巾，可以嗎？」轉換孩子原本採取的極端方式，多提供幾個兩全其美的選項給他們思考，當孩子發現他能以被稱讚的方式得到更多讚美式關注，就會慢慢以較正面的態度表現吃醋的心聲，但這個方法照顧者需拿捏尺度，以免造成孩子過度表現。

打個公平的預防針

很多時候，孩子吃醋的誘發點是可被預測的，當家庭成員即將增加時，爸媽或照顧者可逐步告訴孩子會產生的變化，另外也承諾他們絕不會因此改變一分一毫的愛，比方說讓孩子陪同產檢、一起採買小寶貝的衣服，在可能離家生產的暫別時刻也慢慢告知孩子，讓他知道自己的重要性，也建立不會被遺棄的信心。

而當孩子被比較或自我比較時，比如親友餽贈新生兒禮物時，也很容易讓孩子覺得為什麼這回我沒有？我們可以先提前準備一份給大寶貝，跟他說因為弟弟妹妹很高興有個哥哥姐姐一起玩，所以特別選了禮物送他，再帶著他挑選禮物回贈，讓孩子明白他是被公平看待的，得到愛的同時，也可以主動照顧較年幼的手足。

同樣的，在小寶貝成長的過程中，常讓他和兄姐有親近的接觸，「哥哥好喜歡妹妹，還把最愛的車子借妳。」別忘了在安撫大寶貝的吃醋行為時，小寶貝也在長大，也可能會出現吃味的狀況，可能會問「為什麼哥哥可以去學游泳我不行？」、「我也要和姐姐一樣的裙子，為什麼我要穿舊的？」這時可以出動大寶貝來幫忙「我先學好，再帶你去玩水。」、「那是我最喜歡的裙子，所以特別留給妳。」還有很重要的一點，當嫉妒吃醋情形發生，別只安撫抱怨者，也需要注意被抱怨者，才不致使孩子認為擁有該有的事物是不對的。

弟弟一點都不可愛：打翻醋罈子

吃醋的行為比較容易發生在第一個孩子身上，當一向最疼自己的爸媽不再完全屬於自己，可能會出現許多負面情緒和反常行為。這時用稱讚的方式代替叱責，引導孩子以較正面的態度表達吃醋情緒，讓孩子明白父母對他的愛永遠不會變。

還是你們家的比較乖啦！

還好啦，不過也算不錯了啦！

個性還滿獨立，像我們這樣聊天，
他在旁邊玩也不會吵……

也滿貼心的，
見你回家還會拿拖鞋給你穿呢！

暗爽

……

可是哥哥就差很多了，
沒耐性又脾氣大！

!!!

哎，真的耶！

你看，才說完，
又莫名其妙發脾氣了！

怎麼會醬？

哇呀!!!

暴怒

第三篇

擴大的關係鏈，
隔代和社交圈發展

　　除了爸媽和兄弟姐妹之外，小人也會有其他關係圈，近的比如像阿公阿嬤，比如說其他小朋友或是爸媽的朋友，這時候會伴隨著基本禮儀和社會化的工具使用，也是群體價值觀的第一步，格外重要。

當然可以不完美：別當永遠的第一名

「爆爆，今天拼豆好玩嗎？」爆爆很喜歡每周一次的拼豆時光，每回都玩得很專注，我也樂得在旁當個啦啦隊喊加油，拼的時候他通常很專心不太說話，但一完成就會興高采烈的來跟我報告哪一塊用了他最喜歡的草莓色，下次還要拼湯瑪士小火車等等之類的要求。

其實，會這麼喜歡拼豆不是沒有原因的，我們第一次來參觀時，遇到了個非常甜美的 Abby 老師，除了有迷死人的笑容，還對爆爆特別偏心，常常摟著他又親又抱，孩子跟她非常投緣，也強化了他準時參與動手玩的興致。但今天，爆爆一反常態，回程非常安靜，引來了我的好奇，一問之下，爆爆無精打采地搖搖頭。

「是因為 Abby 老師不在嗎？新來的 Cathy 老師也很漂亮可愛啊。」

「但 Cathy 老師沒有說我很棒，是第一名，我下次不要去了。」

「不當第一名，你就不喜歡拼豆了嗎？」

「不是第一名，老師就不喜歡我了。」原來 Abby 老師常說：「誰最快就是第一名，可以拿一個好寶寶貼紙，老師最喜歡好寶寶哦！」

「可是 Abby 老師跟我說，她最喜歡你的原因不是因為第一名，而是因為你很認真而且很開心的自己做完，只要你很快樂就很棒。」

「所以沒有最快做完，也很棒嗎？」

「想努力做得快做得好，當然可以，但不必總是當第一名，真的遇到比賽，贏了，拿到獎品，得到掌聲，那很棒。但沒當冠軍，沒有獎品，沒有大家給你拍拍手，看起來是輸了，也沒有關係，因為最棒的是，你認真試過。」

「麻麻，我要拿今天做的老皮給拔拔看，他什麼時候才回家？」回家前，爆爆終於回復以往的笑容。

別轉嫁過度期望

在孩子成長的過程中，我們一開始會以較為單純的角度鼓勵孩子，比如「你自己做完了，好棒！」因此孩子的認知中只有「完成比沒完成好」

這樣粗淺的分野。但當孩子開始與其他人互動，在群體中出現比較時，我們會不自覺的把「得失」和「輸贏」的價值觀慢慢灌輸給孩子，比方說「你看以甄妹妹都會念 26 個英文字母了，加油，我們要比她更棒。」大人無意間透露出的期望成了孩子最重要的目標，當把競爭變成第一優先，孩子就無法愉快地投入而樂在其中；原本的用意是為了鼓勵孩子，但稍不注意就可能造成他們得失心過重，繼而出現好勝心過強或是無法忍受挫折的情況。

我們在期望孩子達成某種目標時，盡量以平常心看待他們的成果，著重過程，告訴孩子取得豐富的經驗比結果更重要，不以追問斥責的語氣判斷孩子的成敗，例如「這次老師怎麼沒有把你的畫擺出來？是不是你畫得不夠好？還是你沒有聽老師的話？」別對孩子一時的表現緊張兮兮，因為大人的情緒很容易使孩子在完成事情時，變得患得患失。

重獲肯定比掌聲更重要

幾乎每個孩子都喜歡被稱讚和肯定，但總免不了有遇到挫折和跌倒的時候，當孩子感覺挫敗，我們要在一旁用心聆聽，有時候他們只是情緒需要宣洩，但若發現孩子真的非常在意，認為自己「輸了」，我們要先以同理心安慰，比如「麻麻跟你一樣喜歡跳舞，所以小時候沒有立刻被大姐姐選出來表演時，真的好難過。」

讓孩子了解你的感覺和他一樣，也同時告訴孩子「一次只能一個人上去表演，被選上去的小女生真的很努力也跳得很好，只要你跟她一樣繼續努力，就有上去表演的一天。」讓孩子確信他已經被肯定，且不用因為沒有得到獎勵或稱讚而自卑，另外，也可以協助孩子找出達成目標更正確的方法，例如「我們可以一起去問問老師，是不是有哪一個部分我們可以再練習？」藉此調整孩子對挫折的負面想法，引導他們重新建立信心，也在下次得到成功時，懂得以過來人的心情安慰其他人，確切的讓孩子知道，可以不完美，不用老是當第一名，只要盡力，就是爸媽最愛的寶貝。

當然可以不完美：別當永遠的第一名

在期望孩子達成目標時，盡量以平常心看待成果，著重過程，讓孩子知道得到經驗比結果更重要，更能確切的讓孩子感受到，可以不完美，不用老是當第一名，只要盡力，就是爸媽最愛的寶貝。

唉……

怎麼啦？

你小孩這次考試第幾名？

第一名啊！

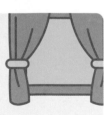

為什麼阿公都說可以，你都說不行？
隔代溝通法寶

「小歐，把玩具收一收，我們要回臺北囉。」小歐正在興頭上，對媽媽的話聞風不動。

過了 5 分鐘，小歐媽再次提醒毫無動靜的小歐。「小歐，拔拔下午還要加班，這樣會影響到拔拔的工作，會好晚才能回家陪你玩喔。」

「啊謀要緊啦，挖來羞。」小歐阿公邊說邊收。「爸哩麥羞啦，伊嘎幾羞。」小歐媽堅持原則，就是要小歐收，小歐看到阿公幫忙收，更肆無忌憚地繼續玩。

「囝仔無災啦，謀要緊啦，呷糖啦。」阿公不僅幫忙收，還塞了一把糖給小歐，小歐挨著阿公，一副就是找到靠山的樣子。這下可惹火了小歐媽，因為這不僅破壞了早就建立的默契和原則，還等於直接告訴孩子，破壞約定還是有糖吃。

「麻麻，妳說不行，可是阿公說沒關係，那我要聽誰的？」

「小歐，自己收玩具是我們之間的約定不是嗎？」

「但阿公說要幫我收啊，而且我還想玩。」

「那如果我答應要帶你出去玩，結果卻臨時跟你說不行的話，你會生氣嗎？」

「會……。」

「所以我生氣的是，你沒有重視我們的約定，不管誰都不能破壞約定，不僅是跟我，你以後答應別人的事情，也要遵守約定。」

「我知道了，麻麻不要生氣。」小歐拉著媽媽撒嬌了一番，總算讓小歐媽平復了一點。

用孩子為主訴求的軟戰術

除了爸媽之外，孩子最親的家人應該是（外）祖父母了。最常見的情況，就是阿公阿嬤比爸媽好說話很多，爸媽說不行的，到了阿公阿嬤這關就過了，在爸媽面前表現得中規中矩，但一到了長輩面前，飯也不

會自己吃，想要的玩具就用哭鬧取得，零食在伸手後無限量供應，讓好不容易建立起來的規矩和默契毀於一旦，不僅爸媽苦惱，也演變成一場隔代教養大戰。

對爸媽而言，很多時候是為了孩子在嘗到選邊站的甜頭後，所養成的偏差行為而感到苦惱，兩代的教養方式若無法取得平衡，也會造成孩子對於事件的是非觀念混淆；而對於老人家而言，寶貝孫子可能就這麼難得見上一回，幹嘛還要凶孩子。

最常見的爭執就是吃飯這件事，爸媽鼓勵孩子自己吃，可能就會遭受「慢慢吃飯菜都涼了，趕快餵一餵！」或是「弄得髒兮兮地，還自己抓飯不衛生！」的質疑。初次遭受這種干涉後，直接反擊的下場就是氣氛奇糟無比，後來我嘗試先保持冷靜並支開孩子，微笑的跟長輩說：「上次我把飯弄少一點，孩子一下就吃完，還很高興的說都是他自己吃完的，吃完以後還再要一碗喔。」先把「這樣做孩子會高興」的觀念傳達給老人家，一方面也顧及長輩的顏面；再循序漸進跟祖父母溝通容忍的界線範圍。

和另一半站在同一陣線

聯合陣線這件事情，在實行上需要一點技巧性，若帶來困擾的是另一半的爸媽，在出面斡旋的分際上就更需要拿捏。謹守一個原則，為配偶和長輩間化解紛爭時，要顧及雙方顏面，若直接嚴厲指責一方，絕對會讓事情複雜一百倍。

可以先請另一半帶孩子去吃個點心或是散散步，趁此時和長輩說明你和配偶的立場，反之亦然。我們一定會碰到喜歡「犯點規」的老人家，持續性溫和而堅定的表明立場是相當重要的，比方說爸爸可以順勢透露「上次孩子在學校玩具丟了滿地，老師叫他收，他說阿公都說不用收！結果大家都不喜歡跟他玩。」之類的話，媽媽可以假裝苦惱的向長輩求救，這樣一同協力演出，氣氛不僅會輕鬆許多，也能把絆腳石轉為推手。

為什麼阿公都說可以，你都說不行？
隔代溝通法寶

當與長輩發生教養上的歧見時，可以讓其中一個照顧者帶孩子去吃個點心或是散散步，趁此時和長輩說明你與配偶的想法，持續性溫和而堅定的表明立場至關重要，協力演場戲，不僅會輕鬆許多，也可以把絆腳石轉為推手。

早上

不行，一大早的玩什麼手機！

下午

不行，才下午而已玩什麼手機！

天使的鄰居：面對生命終點

「麻麻，妳怎麼了？」看到母親傳來的 LINE，我控制不住眼淚，最疼愛我的外婆在母親節晚上離開了。雖然早有心理準備，但眼裡還是溢滿了溼潤的不捨，小歐看著一向堅強的我，有點慌張。

「小歐，這星期我們要去看阿祖，她搬到天使家旁邊了。」

「天使家在幾樓？她搬不動我要去幫忙。」

「阿祖現在跟天使一樣有魔法，揮揮手東西就會飛到天空去，所以不用擔心這個。我們來準備一些小禮物，祝福她搬到新家。」關於人總會離去，生命有期限這件事情，我希望帶著孩子們了解，坦然接受。

「那我畫太陽和月亮送給阿祖，因為他們都在天上了，會變成好朋友。」小歐認真的開始畫。「那我來畫車子和飛機，阿祖現在一定覺得很輕鬆，迫不及待想出去玩，她有天使給的環遊世界通行證了。」

「麻麻，那我也可以跟阿祖一起出去玩嗎？環遊世界通行證好厲害！」「可以啊，只是不是現在，以後我們每個人都會拿到一張天使給的通行證。」

「阿祖只是要搬家和出去玩，妳為什麼要哭呢？」

「是因為想念讓我難過，就像我上次出差，好幾天不在家，你是不是也很想念我？這次阿祖搬到另一個世界，我們要有通行證後才會見面，所以我好想念她。」要誠實面對外婆的離去說起來很容易，但真的那麼決斷還是好困難，只是如果身為母親的我不堅強，不勇敢面對，就辜負了外婆讓我成長的最後一個課題。

「天使鄰居會對她很好的，妳不哭。」我的天使，謝謝你止住了我的眼淚。

和孩子分享和接受悲傷

面對親友的死亡，大多數的人都會感到難過，但依據生命的自然法則卻絕對迴避不了這件事，因此我們也不該在孩子面前刻意忽略這件事，不管快樂和痛苦，我們都要帶著他們領會，讓他們看見我們真實的情感，

因為深愛，所以感傷，但也學習接受與堅強，更重要的是，告訴孩子生命寶貴，在有限的時間，珍惜和所愛者的相處時光。

有的人會因為自己無法接受親友的辭世，或不希望孩子感受到黑色氣氛便刻意避開，過度的保護反而造成孩子在日後對死亡感到懼怕。當亡者是孩子至親時，只要孩子有疑問，就以他年齡可理解的方式回答他，我們需要誠實告訴孩子，對方已經到了另一個世界，別以「你以後長大就知道」這樣的話搪塞，而若是因為意外或突然離世，更需要告訴孩子誰都不願意有這樣的事情發生，擁抱並鼓勵孩子哭出來宣洩，同時間也釋放自己的情緒，如果大人過度壓抑，孩子以後面對悲傷有可能也會學著故作堅強，繼而在性格面上留下難以抹滅的陰影。

用自然的方式升華死亡的意義

每段生命周期都有存在的意義，平時我們就可以藉由一些微小事物對孩子機會教育。比如家中寵物逐漸衰老時，便可以告訴孩子：「狗狗和人一樣，會生病會老，也會死。所以我們要盡所能的照顧牠，因為每過一天，相處時間就會又少一天，而每一天都可能是最後一天，在不能預料的未來中，把握現在是最重要的事情。」

讓孩子自然而然了解生老病死的循環，也可以大方地和孩子討論逝去的親友，不需要特別避開某些場合或是害怕觸景傷情。電影《伊莉莎白小鎮》（Elizabethtown）中，飾演母親的蘇珊·莎蘭登在告別式上的演說和以踢踏舞面對生命終點的方式，帶給我很大的震撼，她用愉悅的方式談論亡夫，引來滿室親友的喝采，這和一般預期面對死亡的陰鬱截然不同。她當然也難過，只是選擇用升華的方式追憶，看完這部電影後，我告訴孩子，當我離去的那天，請用我們平常開心相聚的方式想念我，可能做一桌最好吃的菜，或替我去最想去的國家旅行。

把快樂延續下去，死亡就不是結束，而是再開始。

天使的鄰居：面對生命終點

　　依據生命的自然法則，死亡是無可避免的終點，我們要藉此告訴孩子生命寶貴，在有限的時間，珍惜和所愛者的相處時光。別因為自己無法接受，而刻意帶著孩子避開，過度的保護反而會導致孩子在日後對死亡產生負面印象。

小歐第一次搭飛機

哇~

轟隆隆……

拔拔，我想問你一件事。

嗯，好啊！

我想說 Hi 的時候就會 Hi：言語霸凌

晚飯後或假日，我會帶爆爆到樓下騎個腳踏車或溜滑梯，社區裡相近年齡的孩子不少，當小傢伙開心的玩樂時，旁邊等待的爸媽也會趁此交流一下最近的一些育兒心得，而常遇到的一些孩子早就習慣彼此打招呼，所以氣氛通常是熱絡融洽的。但今天下樓時，遊戲區不見笑鬧聲，取而代之的是一連串嚴肅的責備聲。

「說阿姨好啊，小孩子這樣很沒有禮貌，我怎麼教你的！」媽媽和孩子我都沒見過，應該是最近才搬來的。

「沒關係啦，小孩害羞嘛，才沒見幾次面而已。」五樓媽媽趕快笑著打圓場。

「太沒規矩了，這樣大家還以為我們都沒有在教！」孩子委屈的站在一旁，淚水直在眼眶打轉，但始終擠不出一句「阿姨好」，最後孩子被罰不能玩遊樂器材，被趕回家，留下面面相覷的大家。

羞辱讓孩子成長？

我想起小時候，也曾經有一段時間非常害怕跟大人打招呼，就算 Say Hi 也只是應付形式，只因為那麼一次忘記跟同學媽媽問好，從此便被那位媽媽點名是個沒有禮貌的孩子，甚至還跟她的小孩說我是壞榜樣。當時我非常不解，只是一次沒有看到而已，為什麼不問問原因，就直接斷定我沒禮貌？長大後有了孩子，我便非常注意言語傷害這件事，禮貌固然重要，但讓孩子舒服的社會化也相當重要。

我們常忽略孩子也是有自尊的，也會對陌生的人事物感到害怕，比較敏感或缺乏安全感的孩子甚至需要更多時間來敞開心房，尤其現在每個家庭的孩子都不多，加上照顧者過度保護之下，連互動也相形變少，因此我們耳中那簡短的「Hi」或是「阿姨好」，可能經過了無數次的醞釀，鼓足了最大的勇氣而來的，別以為問個好沒什麼難，這對孩子來說可是一大挑戰，所以不管聽到孩子熱情的，或是怯生生的打招呼，都請你先給予溫暖的微笑。

　　而當孩子暫時無法自在的問好，先耐心等候和觀察，藉由漸進式的引導發現問題，比如說是真的害羞？或是孩子不曉得該說什麼？或者是這個大人曾讓他感覺到不愉快？當然也可能就是不愛打招呼。先給孩子多一點的暖身時間，別因為尷尬或旁人的意見就責備孩子，連我們自己都會對被批評和數落感到不舒服，更何況是孩子；了解噤口的理由，而不要直接責罵孩子為何不開金口。

在團體中小心運用比較式的稱讚

　　當沒有其他負面原因，孩子只是單純害怕或是不愛打招呼時，可以先從帶領孩子多參加一些團體活動開始，讓他們在結交新朋友時自然展開人際關係，比如說現在有很多 PG（Play Group），親子館也常會舉辦一些幼兒韻律等課程，先讓孩子多習慣一點相近年齡的同伴，再延伸到這些同伴的照顧者，最後才到陌生人，帶領過程中的良好經驗，能讓孩子慢慢建立自信，也不再害怕大人或未知的世界。

　　而面對較有想法、愛挑戰權威的孩子，引導式稱讚也許對他們來說稍嫌溫和，這時我們可以善用「比較稱讚」法，有的孩子就是需要競賽感才想跑得快一點，運用這個方法時盡量避免說：「你看人家姐姐這麼乖，會主動打招呼，碰到阿姨叔叔的都主動叫，哪像你沒禮貌又不大方，麻麻丟臉死了。」這種「你就是比較差」的判定描述方式，會讓孩子感到不舒服，可以轉個彎說：「姐姐主動打招呼，笑咪咪的，被問好的人都好開心，你也可以像她一樣，有人跟你 Hi 的時候你也說 Hi，跟你說早安的時候你也說早安，讓大家都很快樂。」孩子有了想模仿和良性競爭的對象，會先從被動回答再到主動問好，接著了解「有禮貌」這件事是社會上大多數人都喜歡的，慢慢的也能了解人際間的分際。

我想說 Hi 的時候就會 Hi：言語霸凌

對陌生的人事物感到害怕是正常反應，當孩子處於這樣的情況下而無法自在的問好，先耐心等候和觀察，藉由漸進式的引導發現問題。給孩子多一點的暖身時間，別因為尷尬或旁人的意見就責備孩子，更不要直接責罵孩子為何不開金口。

嗯，想加入他們嗎？

嗯！

哈哈哈

試試過去打聲招呼呀！

可是我不會……

孩子這樣教我做父母

不懂嗎?那我示範一次給你看好了!

喔喔,好啊!

正妹路過

妳好,初次見面!
我是爆爆拔!

靠

虛擬路燈

遇到神經病了嗎?!

晚上時

老婆,快開門啦!

都說是誤會了!

咚咚咚!

不只是一碗關東煮：愛惜資源

有點熱，我帶小傢伙到便利商店買冰，為了怕走回家就溶了，索性直接坐在超商裡的用餐區吃了起來。旁邊的位子也坐了對母子，媽媽問：「怎麼吃這麼慢，你還要吃嗎？」小男孩前面擺著一碗關東煮，大概是因為天氣熱，沒什麼胃口。

「我再去多幫你裝點湯和拿餐巾紙。」

「麻麻我不要喝。」婦人沒有管小男孩的回應，還是裝了好滿一碗湯和拿了一大疊餐紙巾回來。後來，小男孩果然一口也沒有喝，婦人也沒有喝，桌上灑了一些，婦人拿起整疊紙巾擦拭，又把全部的湯都倒了。

「麻麻他們湯沒有喝完，就倒掉了。」整個過程，爆爆和我都看在眼裡，這和平常他被教育要愛惜資源的方式差距甚大。

「這是不好的示範，煮好一碗湯要用到水、電和食物，看起來雖然沒有多付錢，並不是真的免費，要喝多少拿多少就好，就這樣倒掉浪費了很多資源。桌上髒了，先拿一張餐巾紙擦，不夠再拿，每一張紙都從樹來的，種一棵樹要很久很久，所以要愛惜用紙。」我盡量解釋每個資源背後的來龍去脈，讓爆爆知道一切都得來不易。

帶孩子一起做分類

當我們把看起來用不到的東西做分類，這些物品會瞬間從垃圾搖身一變而再度發光，比如說塗鴉的紙張能夠折成桌上型垃圾桶，喝完的寶特瓶可以改造成花器，舊浴巾可以剪成小塊當孩子吃飯時的圍兜或踩腳布，在廢物上做巧妙的運用，帶著孩子一起動手珍惜資源，找到更多不同的用途，還能連帶激發他們的創意。讓孩子了解，不要立刻把眼前看來無用的東西丟進垃圾桶，每件物品都有再利用的可能。

在分類的過程中，要跟孩子解釋每樣資源背後的意義，比如為什麼要回收紙張，因為每棵樹只能做有限的紙，減少的速度很快，如果我們住的地球沒有樹、小鳥沒有家，會越來越熱；也可帶孩子親自去看看每

張紙製造的過程，讓他們了解其中有多耗時費力，透過辛苦手做的成品，孩子會更珍惜物品。

　　倒垃圾時盡量邀孩子一起參與，讓孩子知道每天的垃圾量，比如在用心分類之下，三天才集滿一個垃圾袋，比之前每天都要倒垃圾進步很多，「都是環保小尖兵的功勞，我們再繼續加油！」讓孩子實際看到減少的垃圾量和自己的貢獻成正比，是最直接的教育方式。

自備常用物品和玩具

　　準備餐具或購物袋不僅環保也兼顧衛生，也能避免孩子「隨用即丟」的習慣，尤其在購物時，可以順便告訴孩子，塑膠袋的分解非常困難，而且會產生有毒物質破壞空氣，這樣大家都會生病，少用一個塑膠袋還能省下一兩塊，省下的錢可交由孩子存起來，告訴他們存多少就救多少棵樹，直接對比會有更具體的感受。

　　若真的非使用店家所提供的袋子不可，也可以詢問是否可提供紙袋，當店家提供衛生紙或醬料包時，提醒孩子用完了才能再追加，別因為唾手可得或是免費這個迷思就不愛惜資源，沒用完的或未開封的可以再交回給店家。若真的忘記帶餐具出門，在外用餐時也盡量避免使用免洗餐具，選擇可重複使用的碗筷，或是請餐廳提供兒童餐具，也能為環保盡一份心力。

　　孩子的玩具也可以從現有的物品做變化，代替購買。比如孩子都喜歡的沙鈴，可以用茶葉鐵罐裝進豆類，一樣能玩得很開心，扮家家酒的瓶瓶罐罐，也可以用不用的保鮮盒或是舊的湯匙來代替。遇到不玩的玩具或是有點 NG 的玩具，也可以用交換的方式讓想玩的人再利用，「這幾個不玩的玩具，我們拿去捐給育幼院還是跟隔壁哥哥交換好嗎？」讓玩具在不同的人手上延伸價值，或是採取共用的概念，也是一種愛護資源的好方法。

不只是一碗關東煮：愛惜資源

　　帶孩子一起動手珍惜資源，不要立刻把眼前看來無用的東西丟進垃圾桶，跟孩子解釋每樣資源的背後意義和延伸價值，讓每件物品都有再被利用的可能，而在尋找不同用途的同時，也能激發孩子的創意。

年輪蛋糕的奇幻漂流

滾遍大江南北

食物要珍惜，不可以浪費！

食物掉到地上就不要吃，有細菌！

. . . . . .

喔喔?!

拔拔

加料不加價

別再叫我唱給別人聽：孩子不是展覽品

「人之初，性本善，性相近……」午後，我帶著工頭到附近公園晃晃，小人自然容易被溜滑梯或搖搖馬之類的東西吸引，一下就飛奔過去。今天天氣很好，親子成群出來放風。這時候一連串的讀經聲吸引了我，老實說，是因為太突兀而吸引了我。

「麻麻好了，我念完了。」小男孩看來很小，我想約莫也兩三歲而已吧，聲音清亮可愛，報備完後，回頭就要往遊樂設施衝。

「等一下，還有英文歌，老師不是教了一首很長的〈Are You Sleeping?〉，我跟妳說他真的會唱！唱完才可以溜滑梯。」旁邊這位媽媽超漂亮，打扮入時不說，在旁邊的朋友也是一樣迷人。小男孩露出沮喪的表情，蚊子聲一樣的唱起歌來，和剛才的開朗判若兩人。

「這麼小聲唱給誰聽，大聲點，要有自信！」男孩的淚水已經在打轉了。好不容易唱完，朋友也捧場的拍手猛力稱讚一番，小男孩終於鬆了一口氣往滑梯跑去。

「妳待會到我們家，他還可以彈琴給妳聽，最近又教難一點的了。」不知為什麼，連在旁邊聽著的我都累了：玩沒 5 分鐘，小男孩被拎了回來。

「回家了，阿姨要你彈琴給她聽，她明天就要回美國了。」

「我不想彈！我要溜滑梯！」小男孩終於爆炸，但最後還是被帶走了，哭聲也漸漸遙遠。

「麻麻，為什麼要唱歌才能溜滑梯？」回家的路上，工頭突然這麼問我。「這是兩回事，沒有一定。如果唱歌讓你開心，那邊唱邊玩也不錯。會唱、喜歡唱、和大家一起唱或是想唱給別人聽都好，只要讓你自己快樂，大家也舒服就好。」我還是想著那個小男孩，希望他別因為大人的表演慾而對「學習」這件事變得冷漠。

別逼孩子成就另一個自己

　　有的爸媽會這麼告訴孩子：「以前我都沒有這個命，花錢讓你學你還不認真！」但學習這件事，原本就是要快樂才能持久，不管是孩子主動提出的要求，或是我們刻意帶領他們的學習，都需要在學中發現或持續培養興趣才能長久延續。當然在學習某一段時間後，會需要檢視進度，但絕不是以表現來衡量學習成果，也不是以別人的掌聲來判定學習的價值。人難免會對自己的現況感到些許遺憾，於是想方設法的要栽培孩子，更想讓別人知道，孩子已經「會」到什麼程度。其實，任何的學習都會有用到的一刻，到那時孩子自然會表現出來。

　　最重要的是，孩子雖然是我們的下一代，但並不是我們的替代品，當我們覺得遺憾或缺少了什麼，不代表孩子就需要填補這個部分，永遠把孩子當作一個獨立的個體，用大人的語氣跟他們溝通，但不用大人的價值觀來造就他。

　　當然有的爸媽認為，表現是一種舞臺訓練，自信心夠了可以更加獨立。這並沒有錯，但請先看看孩子的個性適不適合，有的孩子非常熱衷於表現，天生明星光環藏不住，看到這些連幼稚園都還沒上的孩子在電視上唱唱跳跳，和其他大人一起比賽才藝，我真的覺得好厲害。對於這種孩子，根本不用擔心他變成展覽品會有什麼反彈，因為他對於別人的注視可能更樂在其中，我們倒是要留心，別讓這樣的孩子過度社會化。

　　但對於一般孩子，大部分還是會害羞怯懦一下，若有避不開的表演場合，比如學校的話劇表演，是非常好的機會鼓勵這樣的孩子試試看，但得留意，若孩子好不容易有點興趣，別因太開心想跟別人分享而忘了先問孩子：「願不願意？」在尊重孩子的前提之下，久而久之，他們會慢慢想將自己喜歡的、努力習得的才藝分享給更多人看，這段時間，我們就照著孩子的意願推一把即可，別強拉著孩子往前衝給大家看，在這樣過程中跌倒後，他會需要更多氣力才起得來，若是緩緩前行時他跌了一跤，自己想辦法站起來的機會就大得多了。

　　總之，別急著讓孩子上 ON 檔戲，還沒到排播的那天呢。

別再叫我唱給別人聽：
孩子不是展覽品

　　孩子雖然來自於我們，但並不是替代品，當我們覺得遺憾或缺少了什麼，不代表他們就需要學習或填補這個部分，永遠把孩子當作一個獨立的個體，用大人的語氣跟他們溝通，但不用大人的價值觀來逼他做任何表演。

我不想借你玩：說不的權利

連下幾天雨後終於放晴，我趕緊帶著工頭到樓下開他的跑車，現場已經有不少小朋友，大家都趁著好天氣出來放風。

「借我玩這個好不好？」社區剛搬來一戶人家，小男孩非常活潑，只要看到其他小朋友有新奇的玩具，就開心的衝上來要求一起玩。剛開始大家還願意出借，但很快就發現，他除了不愛惜東西之外，還好幾次不等人回答直接搶了就玩，久而久之，除了好脾氣的十樓小女生妙妙之外，就很少人願意和他一塊玩了，這回看到妙妙新買的熊大娃娃，他又開口想借來玩。

「我不要，我想先玩。」好難得，一向溫和的妙妙居然開口拒絕。

「我問過妳，我很有禮貌。」

「妙妙沒關係，我們要有度量，懂得分享，這樣才是乖小孩。」媽媽出來打圓場，希望她主動出借娃娃。

「我不要，為什麼只有我的東西要借給他？」大概是情緒壓抑太久，妙妙放聲大哭，媽媽嚇了一跳，趕快把她抱離現場，小男孩轉而看上工頭的跑車，「借我玩這個好不好？」

「現在不要。」小男孩非常失望地跑開，坦白講，我能理解工頭為什麼拒絕。

「麻麻，我不借他車子，就不是乖小孩嗎？」

「你本來就有說不的權利，我們不用刻意讓別人開心。」不想隨時隨地當好人並不是錯，分享本來就該是快樂的，勉強不來。

別制約孩子做好人

我們常以自己在人際關係中的經驗，無意中為孩子在團體中打造以和為貴的形象，總認為這樣孩子能人見人愛，因此當孩子表達自己真實的意見說「不」時，就擔心他們可能會被排擠，或被貼上不合群、自私等標籤，孩子有可能發現溫順乖巧能夠得到眾人喜歡或是稱讚，而隱藏

自己真正的意願，被迫分享他喜歡的東西，無形中，我們竟幫別人掠奪了孩子的物品。

　　長久下來，孩子即使面對不公平的待遇，也可能選擇忍氣吞聲、息事寧人，但人總歸是有情緒的，過度壓抑下反而會導致嚴重的行為偏差。當孩子遇到是非題時，我們可以用重複發問的方式協助他對問題多加思考，比如當孩子被提出要求時，我們可以說「你現在想跟他一起玩嗎？還是等一下？」或是「借他一會，不是給他，這樣的話可以嗎？」只要孩子遲疑，我們就耐心等待，別強迫他們立刻做決定，因為他可能正在想「這是我心愛的玩具，他要玩多久？會不會弄壞？」這不一定和大方或分享有關，每個人都會對鍾愛的物品有一定程度的執著，幫孩子從一翻兩瞪眼的是非題變成較柔軟的選擇題，也慎重告訴孩子，自由選擇付出與否，你都會尊重他，別人的在乎和肯定有某種加分作用，但不用因此而被制約。

從接受拒絕中學習拒絕的技巧

　　當發現孩子不敢直接拒絕別人時，我們也不要極端地說「就大膽說你不要，有什麼好怕的！」這樣反而會讓孩子過度以自我為中心，我們鼓勵孩子在該拒絕的時候勇敢說不，並不是希望他們任何事都以自己為主而不願與人有良好互動，在拿捏之間，我們要帶著孩子練習好多回。

　　首先，我們可以讓孩子學會接受拒絕，當孩子問「麻麻現在可以陪我玩嗎？」時，採取不同的方式回答，引導孩子從被拒絕中感同身受，讓他們學會拒絕人時的說話技巧，日後在拒絕他人時，才能慢慢學習讓雙方都感到舒服的回答。幾乎每個人都期望自己的要求或願望能夠被接受，拒絕他人本來就需要練習，過程中，孩子會培養同理心和原則，也能藉由正反面思考後有更完整的人格發展。

我不想借你玩：說不的權利

我們總認為，孩子能溫順乖巧與人分享是最好的，在無形中，有時竟幫別人掠奪了他們的東西。其實每個人都會對鍾愛的物品有一定程度的執著，我們要讓孩子知道，他們可以自由選擇付出與否，而且是會被尊重的。

哼，我要叫我爸爸打你爸爸腦袋！

什麼?!

哈哈哈哈，這是不可能的！

為什麼？

因為我媽說**我爸根本沒腦袋**！

哈哈哈哈！

*改自網路笑話

大聲不代表很厲害：微霸凌事件

「麻麻，我要去開那輛藍色車子。」來親子館遛小孩，不僅是內容有料、費用無料的好選擇，也可以讓孩子在學齡前慢慢習慣和不同的小朋友相處，一舉兩得。

「可以啊，但是有很多小朋友也想開車，玩一圈回來就換別人好不好？」小歐體貼的點點頭。這輛小車是親子館的焦點，誰開著瞬間就變成 super star，所以我都會事先打個針，讓小歐別霸占玩具不放。

「你下來，我要玩。」騎了半圈後，有個長得像胖虎的小男孩衝向車子，老實不客氣的叫孩子下車。其實一進來我就注意到這個小男孩，他專門搶別人的玩具，搶到手後立刻丟在一邊，嚇壞了好幾個小朋友，但剛巧都碰到小小孩和溫和的媽媽，大多摸摸鼻子就離開。我餘光轉了一圈，想找尋這個小男孩的照顧者，也先按兵不動，看看小歐怎麼反應。

小歐愣了一下，胖虎直接打開車門想把他推出去，小歐朝我的方向看來，我給了他一個「麻麻在這裡」的眼神，讓他安心。

「我玩到那邊就換你。」這的確是我們剛剛的約定，一圈就換人，胖虎非常不高興，直接推倒了整輛車。因為安全問題，我不得不起身，而胖虎媽媽也現身了，「你欠揍是不是，回家你就完了！」高分貝吸引住所有人，我突然了解小胖虎為什麼有這樣的行為。

被霸凌時用兩段式處理

事後我對小歐說：「不是大聲就是對的，你處理得很棒。」

「他麻麻也好凶，好可怕。」

「所以他以為對別人凶是對的，下次我們先問他要不要一起玩，讓他知道不要這麼凶也可以玩到車子好不好？」我當然有點心疼，但無可避免的，小歐在未來將遇上不同個性的人，提早遇到就當作預習吧。

當孩子被惡言相向或被動手欺負，先冷處理看他們會怎麼反應，在情境中教孩子累積不同經驗，讓他們學會當大人不在身邊時，能獨立面

對霸凌的正確態度。而依照情況或程度的不同，孩子可以選擇在觀察後，暫時避開，或是勇敢表達：「我不喜歡你這麼大聲，你不凶的話我們可以一起玩。」

在孩子初步處理後，若情況不見好轉，我們可以出面以和緩的方式協助，比如「這玩具一個人可以玩 5 分鐘，我來當裁判，一個個輪流。」有大人在場，多數孩子會比較有分寸，也可以讓霸凌者知道自己的行為是會被管束的。但若真的遇上小霸王，板起臉孔也是必須的，除了讓孩子知道我們會保護他們，也明確的告訴霸凌者：「你這樣的行為讓大家很不舒服，不欺負人的話，會有更多人想跟你玩。」最好能讓對方的照顧者看到或聽到，故意提高聲量，但用嚴肅態度的陳述，避免說出「誰家小孩這麼沒有家教」這類帶批判性字眼的言語，因為這樣不僅容易讓場面從小孩的戰爭演變成大人的戰爭，也會讓孩子學到錯誤的情緒管理。

當孩子變成霸凌者

有時候孩子會從霸凌者、照顧者或是周遭的人身上學到以暴制暴，動手推擠別人，這時我們必須趕快找出影響他的原因和人事物，並告訴孩子這樣是不對的行為，而且也無法解決事情。孩子其實不了解這樣的行為是錯的，他只是在表現模仿而來的行為，可能看到保姆或其他大小孩用怒罵或是打人，暫時解決了問題或搶得了玩具，他也覺得咆哮和動手是可被容許的。

出現一次這樣的行為，就要嚴格制止一次，因為久而久之，孩子霸凌他人的程度會加重，屆時不僅行為偏差，也可能成為團體中令人頭痛的人物。若平常孩子都算乖巧，卻突然出現欺負他人的反常行為，照顧者要趕緊反省是不是最近家庭的氣氛有異，或是孩子曾經在被欺負時沒有得到我們的聆聽和協助；孩子總是敏感的，但他發現溫順的表現得不到爸媽的注意時，可能會因為想得到關心而出現偏差行為，發生這樣的情形時，請先擁抱孩子，稱讚他其他良好的行為，別只顧著嚴厲體罰或恐嚇他們，因為這樣的大人，其實也在以大欺小，反而樹立了負面榜樣。

大聲不代表很厲害：微霸凌事件

　　當孩子被惡言相向或被動手欺負時，先觀察他們自行處理的方式，若情況較為嚴重，我們可以出面以和緩的方式協助，除了讓孩子知道我們會保護他們，也用嚴肅態度警告霸凌者。

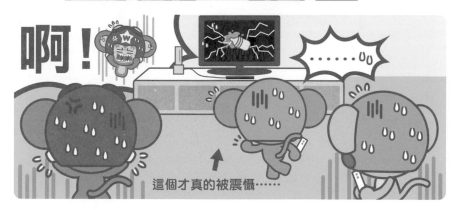

總有野狼在身邊：警覺心

「哥哥你好可愛，來叔叔這邊。」帶工頭和弟弟到公園玩時，有個約莫四五十歲的男子帶著一個小女孩朝孩子猛招手，基於禮貌，我牽著孩子向他們微笑示意，小女孩非常熱情，直接跑來拉住工頭的手示好，雖然一開始被工頭本能性的甩開，但她並沒有因此而放棄，還是繼續跟在旁邊，沒多久兩人就玩了起來。一起玩當然是好事，但我總覺得哪裡怪怪的，大概是因為小女孩只要拉住工頭的手，都會向那男子看一眼，像是在等待什麼指令，讓我感覺不是很舒服。

「弟弟哭了是不是尿布溼，你帶他去換沒關係，我幫你顧哥哥。」

「沒關係，我們差不多要走了。」

「不要緊，你看你兒子和我姪女這麼投緣。」話才剛說完，男子居然伸手想去抱工頭，我立刻衝上前一把牽起他。

「真的不用了，請不要未經我的同意抱我孩子，跟叔叔和姐姐說再見，拔拔的車已經在旁邊等我們了。」我刻意提高聲量吸引周圍的目光，這人過度殷勤和輕率的態度已經讓我相當緊張，不管是有意還是無意地，都讓我的警戒狀態升高，因此我故意透露先生正在附近的訊息。

「麻麻，為什麼叔叔不可以抱我？」

「對我們來說他是陌生人，不管是健康或是安全考量，都不可以隨便讓人家抱你，陌生人有可能感冒或是身體不舒服但我們不知道，或是他根本想把你帶走，讓你再也找不到麻麻。」我故意把事態講得很嚴重，就是要讓工頭知道，這種事情只要發生一次，就會造成難以挽回的憾事。

別不好意思拒絕陌生人的接觸

孩子都是可愛且引人注意的，帶小孩出門時常會遇到想逗弄孩子的大人，最好的方式就是抱著孩子禮貌性的與人回應即可，通常初次見面，即使再喜歡對方的小孩，大人也會在禮節和健康上有所考量，不至於想要和孩子有直接的身體接觸，因此若遇到對方要求抱孩子，可以用「不好意思他認生」，或是「他剛打完針，這幾天抵抗力較差」這樣的說法

來讓對方識相的打退堂鼓，別因為覺得不好意思拒絕，而讓孩子陷於不知名的危險中。

尤其是年長的照顧者，很喜歡把互相抱小孩這件事情當作一種交誼，這需要用較嚴重的社會案例，比如人蛇集團猖獗或是誰家的孩子就被抱走這種事來提醒他們，因為若是孩子在交到對方手上時，真的被抱走或是沒抱穩受傷，都是大家所不樂見的結果。而對於稍微懂事的孩子，也要告訴他們在陌生人前保持警覺心和拒絕直接身體碰觸，教孩子禮貌地回絕對方，比如「麻麻說我們先互相打招呼就可以了」，不管是小女孩或小男孩，都要讓他們了解，任何人都不能在未經同意下碰觸他。

我很喜歡在網路上看過的一篇文章，一個中國母親發揮創意，以小女兒喜歡的童話故事，來教導孩子在真實世界裡保護自己的方式，她告訴女兒「白雪公主和小矮人同住時，換衣服和洗澡一定會鎖門；她也不應該吃王后的蘋果，因為陌生人給的食物不能亂吃……灰姑娘晚上十二點前一定要回家，因為她懂得尊重自己，絕不和男生單獨共處一室。」等等，不僅容易引起孩子共鳴，又深富意義。

即使熟人也不能來者不拒

有時我們記得教孩子防範陌生人，卻忽略野狼刻意偽裝成熟人，或根本就是熟人的這個模糊地帶，而社會上有很多讓人遺憾的案件，就是因此而造成的。

為此我嘗試用實境模擬來培養孩子對野狼的敏感度，和孩子的阿公商量演一場戲，請他隱瞞身分電話來家裡，請孩子給我的手機號碼，孩子果然倒背如流的說出我的電話。事後我告訴孩子，阿公一定有我的電話，這都是騙人的，可以跟對方說「麻麻回來再打給你」。平時也可以和孩子約好一組只有家人才知道的密碼或字句，在必要時刻要求對方說出來以辨識。而孩子對於熟人的警覺性相對會偏低，我們需要常常提醒孩子，只要不在我們周圍，都需要小心謹慎，電影《蘇西的世界》（The Lovely Bones）讓我看了以後感觸很深，已經 14 歲稍有能力保護自己的她都遭遇不測，那麼從小教孩子保護自己，絕對是極重要的課題。

總有野狼在身邊：警覺心

別因為不好意思拒絕想逗弄孩子的大人，而讓孩子陷於不知名的危險中。對於稍微懂事的孩子，也要告訴他們在陌生人前要保持警覺心和拒絕直接身體碰觸，不管是女孩或男孩，都要讓他們了解這一點。

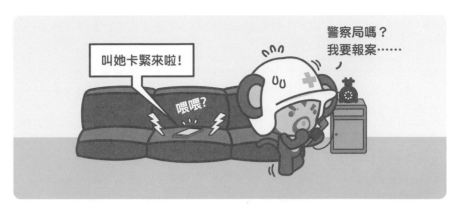

一小時後……

為什麼要笑我？孩子也有自尊心

「麻麻肚子裡有弟弟咧，你要當哥哥了，以後麻麻會先抱弟弟，不會先抱你。」懷弟弟的後期常帶工頭去散步，總會遇到關心的鄰居聊個一兩句，單純聊天的我會禮貌性的回應一下，但最怕的就是碰到這種不太熟又自以為有趣而逗弄孩子的人。工頭是敏感的，我漸漸發現他會怕這個大嬸，但不妙的是孩子越怕她，她越愛尋他開心。

「你要先練習，對麻麻的肚子叫弟弟。」

「他每天晚上都會趴在我身邊，他知道有弟弟。」大嬸發號施令後見工頭沒反應，居然抓了他的手往我肚皮上放，「你要摸麻麻肚子，這樣弟弟才有感覺啊。」工頭嚇一大跳，甩開大嬸的手直接躲到我背後。

「當哥哥還害羞，你摸一下麻麻肚皮，我給你一個巧克力。」大嬸覺得很有趣，更賣力的捉弄起工頭來了。「都不大方，你是女生喔，麻麻的裙子給你穿好了，帥哥的帽子不要戴了。」語畢還動手摘掉孩子的帽子，惹得他大叫抗議，揮舞著雙手想把帽子拿回來，到這裡我已經無法忍受，伸手把帽子給搶回來。「不好意思，工頭已經表達他不喜歡這樣，請別再這樣對他了。」看到我正色起來，大嬸感覺沒趣的走了。

「麻麻，我不是女生，也不喜歡阿姨拿我帽子。」進了電梯，工頭委屈得說。

「我知道，下次你可以直接說你不喜歡這樣，並不好玩。」

「阿姨不會生氣嗎？」

「我不確定她會不會生氣，但你並不是她的玩具，所以即使她不高興，也不是你的錯，人本來就要互相尊重，不管你是大人還是小孩。」

孩子不是玩具

愛跟孩子玩的大人，多半是因為喜歡才跟他玩，但有時卻把開玩笑和戲弄當成有趣的事，也許出發點只是覺得好玩沒有惡意，看到孩子著急又緊張的模樣，也覺得無傷大雅，但因為孩子還無法分辨大人真正的意思，會把每件事都當真而感到慌張和恐懼，長久下來對人事物產生不信任感，也可能會用類似的方法去捉弄其他孩子，認為把快樂建築在別人的痛苦上是一件合理的事。

記得那部高點閱率的影片「失控姐」嗎？小女孩在節目裡因為大人的一兩句話，比如「妳猜拳輸了要跟我走」，而被嚇得大哭，大多數人看到她的反應都覺得很有趣，暫不論是節目效果或特意引導，這種讓大人開心卻讓孩子不知所措而感到難受的逗弄，其實會對孩子的成長帶來負面的影響，演變成變相的欺負孩子。另外，也別逗弄孩子的身體，即使是孩子也需要尊重，尤其是大人格外喜歡拿小男孩的生殖器開玩笑，甚至撫摸，這其實都是種傷害自尊和讓孩子感到被羞辱的事情，也可能導致孩子學會不尊重或過度好奇身體，造成行為上的偏差。

用讓孩子感到愉快的方式逗他

當然，並不是說都不能夠逗小孩玩，而是應該建築在能讓他們感到愉快的前提上，適當的逗弄能夠增進親子關係，也能刺激他們的腦力。比如每個小孩都喜歡的躲貓貓遊戲，當大人躲起來，再從孩子想不到的地方探出頭來「哇」的一聲，他們通常都會玩得非常開心。

這種逗弄方式，不僅有趣也累積孩子探索未知的勇氣，也可以藉此讓孩子了解，爸媽可能偶爾會離開，但並不會不見，只是在某個地方等待他，之後當孩子需要暫時離開爸媽身邊時，不安和焦慮的情況會稍稍緩解，也較容易明白爸媽所說的「拔拔只是先離開一下，晚點來接你。」不至於會太過驚慌失措。另外，也可以讓孩子反過來逗爸媽，比如躲起來讓爸媽尋找，不僅有趣，也可以讓爸媽從中觀察，什麼樣的逗弄程度是可被孩子接受的，因為將來他們也可能會對別人開些無傷大雅的玩笑，藉此教育孩子，不管要怎樣的幽默，都得建立在讓雙方舒服的狀況下。

為什麼要笑我？孩子也有自尊心

　　愛跟孩子玩的大人，有時會把開玩笑和戲弄當成有趣的事，也許出發點沒有惡意，但因為孩子還無法分辨大人真正的意思，會把每件事都當真，長久下來對人事物產生不信任，也可能用類似的方法去捉弄其他孩子。

給我 iPad 就好：善用 3C 產品

「你們兩個不要吵，坐在這裡等我拿蛋糕回來。」

「那麻麻妳 iPad 給我，我要打憤怒鳥。」「我也要。」隔壁桌的媽媽遞了兩臺平板電腦給兩個孩子，同時間，我和孩子手上也有一臺，再環顧一下四周，幾乎沒有一桌沒有智慧型手機或是平板電腦，頓時，大家都成了低頭族。

「等拔拔的時候，我們可以玩一下交通工具拼拼看。」今天餐廳人真的有點多，工頭已經乖乖陪同等了超過半小時，表現可圈可點，的確是可以出動一點輔助工具，但我的三大堅持是一定要大人陪同使用，一定要看具有學習意義的東西，還有就是，一定不能超過 15 分鐘。

「待會蛋糕就來了，iPad 先收起來。」其實還不到預定的 15 分鐘，但為了避免待會玩到興頭時可能出現的耍賴，我先提早做預告。

「麻麻，再玩一下好不好？」

「好啊，不過這星期 iPad 的點數就用完囉，我們說過違反的話會怎麼樣？」

「一星期都不能玩……。」工頭有點無奈，主動把 iPad 交給了我。

「蛋糕來了，等下再玩。」隔壁桌媽媽回來，口頭勸不聽，乾脆直接拿走 iPad，惹來兩個孩子同聲抗議。「妳不要拿走啦！」「算了，不要吵就好，邊吃邊滑啦。」看著吃蛋糕配 iPad 的兩兄弟，再看著同樣拿著一臺智慧型手機的媽媽，突然想，等到他們會用 Line 這樣的通訊軟體時，會不會也用低頭打字的方式和媽媽交談？

實際體驗後，才給 3C 補強印象

只要把握一個原則，任何事物，都先帶孩子實際體驗，當他們有了初步的輪廓後，再用 3C 產品加深記憶。比如說，孩子喜歡交通工具，喜歡運動，一定要先帶著他們實際搭乘一遍，或是真的摸摸球，一旦有了真實的經驗，不僅可以滿足他們心理上的期待，也可以避免因為初次嘗試就是虛擬情境，覺得格外新鮮好玩而過度沉溺。

明確的讓孩子知道，使用 3C 產品是為了補強實際狀況中來不及了解的細節，比如搭過眾多交通工具後，孩子可能只記得粗略的模樣，但我們可以藉由手機遊戲讓孩子知道，搭乘飛機時還需要準備和注意什麼，玩足球時應該怎樣踢球，善用 3C 補充一些額外的知識，能讓孩子對事物有更深的體認和印象。更重要的是，把握和孩子一起的親子互動時光，尤其在實際體驗時，必須格外珍惜這樣親密的學習和分享，別本末倒置的讓平板或手機取代了面對面的溝通。

掌控時間，掌握時機

其實一味的禁止使用 3C 產品難以執行，也違反現今社會溝通模式，因此訂立使用守則便成了非常重要的事情，明確的和孩子討論出可使用的情境、時間和內容，比如說，在飯後可以聽個 15 分鐘的英文有聲書App，或是玩個數字小遊戲，都是讓孩子不至於過於沉迷但又富有學習意義的好方法。

常會看到很多家長邊明令禁止孩子玩平板或手機，但自己卻完全沒停過，這會讓孩子覺得為什麼大人可以，我卻不行？兩套標準之下，孩子會出現無所適從的情況，若真的需要使用 3C 產品聯絡事情，也請先告訴孩子，此刻我們是因為必要性的需要而使用，而不是因為娛樂性的需求而使用，盡量避免在孩子面前玩遊戲、聊天或任何過度使用，因為孩子從小就會模仿，也可能會因此養成他未來對 3C 產品的重度依賴。

初次使用的時機也相當重要，建議盡量不要在 3 歲前使用，因為大多數這個年紀的孩子只會被聲光或圖片等吸引，若真的要使用，大人應該處於一個主導的角色，別直接把手機或平板交給孩子自由使用，不僅容易影響視力，也容易影響腦部正常發展。

給我 iPad 就好：善用 3C 產品

　　明確的和孩子討論出可使用 3C 產品的狀況、時間和內容，讓他們不致於過於沉迷。並盡量避免在孩子面前過度使用 3C 產品，減少他們模仿的動機，以免將來嚴重依賴 3C 產品。

幫我開 25 臺的 Dora：聰明看電視

「麻麻我起床了，妹妹還在睡覺，妳開 25 臺的 Dora，然後泡ㄋㄟㄋㄟ給我喝，就不會吵到她了。」今天小歐起早了，看到我正探頭看著還在熟睡的妹妹，貼心的說著。

「謝謝你，但現在還沒有 Dora；你的眼睛和腦子還在跟這世界說早安，我們先活動活動身體，好不好？」

「那我看完 Dora 可以看湯瑪士嗎？」

「我們有規定，看 15 分鐘節目要休息一下對嗎？兩個都看當然可以，那就各看一半，中間休息一下。」

「那是不是 Dora 廣告的時候就要先關掉？」「對，電視也要休息一下的啊。」

「那麻麻，為什麼昨天拔拔可以看籃球比賽那麼久？」小孩果然不能拐，立刻舉一反三。「的確，拔拔真的看了久了一點，下次我們提醒他，看一個段落就要起來走一走好嗎？這樣才不會把眼睛看壞。」

「還有麻麻，為什麼棋棋表哥吃飯可以看電視？」小歐突然想到上回到舅舅家用餐的事，當時我就發現他對其他小孩吃飯看電視露出納悶神情，回來後一度以為他忘了這回事，沒想到他還是想起來了。

「坦白說，吃飯配電視真的不太好，當你發現別人的表現跟你不一樣時，你可以學著判斷，怎麼樣才是對的。」我不評價別人教育孩子的方法，因為有些時空背景或環境因素，並不是完全可以套用通則，我希望孩子知道正確的方式，也了解其他可能會出現的情況。

明定規則後才開電視

當禁止成為一件不太可行的事情時，我們該思考用什麼聰明的方法來運用電視這個工具，清楚訂出規則在此時就顯得格外重要。基本上，把握住「觀賞節目種類」和「觀賞時間」兩大要訣，就可以把電視轉化為正面輔助工具，比如說孩子不太可能親身觀看到冰河或是火山等場景，或是在短時間內到很多國家旅行，我們便可以選擇一些富有教育意義的

節目或影片，讓孩子在觀賞電視時可以吸收新知，同時也能讓孩子在身歷其境前有期待感或是熟悉感。

而明定觀賞時間也是極為重要的，規定孩子隔一段時間，或是廣告時間就起來動一動，嚴格遵守這個規矩，絕不能因為孩子耍賴想要多看一會兒而通融，因為多 5 分鐘多 10 分鐘，就可能會變成多 1 小時、多 2 小時，而電視畫面過度的聲光刺激，對發育中孩童的視力和反應力都不是好事，同時間也可以順便教育孩子自律管理的重要性。在特定時間內，譬如吃飯或睡前也絕不打開電視，因為孩子在這段時間內需要專心，應避免被不必要的感官刺激而影響正常作息。

別讓電視變成保姆

有許多照顧者，因為工作或是分身乏術太過疲累，而把電視當成保姆，藉此獲得短暫的休息，但必須審慎別讓這樣的情形過度出現，讓電視語言代替親子溝通不僅會讓關係疏離，失去互動的情況下也容易錯過孩子重要的發展。其實爸媽可以選擇一些兒童唱跳節目，在孩子觀賞的同時，陪著一起運動，不僅可以讓孩子感受到溫暖的親子時光、順便舒展身心，爸媽也可以陪著一起活絡筋骨，一舉數得，或是選擇可以跟著實做的教學影片，讓孩子可以跟著一起操作，不但有趣也可以看看他們透過節目到底了解了多少。

而需要特別注意的是，即使已經選擇了適合孩子年齡層的節目，也要特別留意他們的語言發展、閱讀能力、專注力和價值觀是否正常發展，因為任何訊息透過電視播送和傳遞到孩子腦裡時，可能會產生超乎我們預期的影響，而有的影響更是累積了一段時間才看得出來的，比如當孩子接收過多電視刺激後，對現實生活的反應力逐漸降低，容易焦躁或衝動，這些細節都是照顧者所應該時刻留意的。

幫我開 25 臺的 Dora：聰明看電視

　　把握住「觀賞節目種類」和「觀賞時間」兩大要訣，就可以把電視轉化為正面輔助工具，我們可以選擇一些富有教育意義的節目或影片，讓孩子在觀賞電視時吸收新知，同時也能讓孩子在身歷其境前有期待感或是熟悉感。

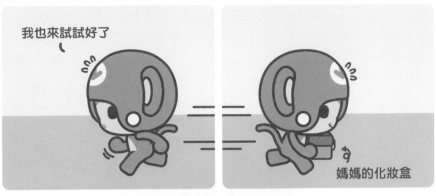

我也來試試好了

媽媽的化妝盒

一小時後

我忘記帶鑰匙了，來幫我開一下門喔!

叮咚!
叮咚!

驚嚇!

如何?!

回來啦?

午睡剛醒

彩妝大師 小歐

挖哩勒!

都是地板壞壞？別替孩子找藉口

周末，我們到大賣場補充民生必需品，拿著購物清單，我帶著孩子把物品一個個挑妥放入推車，準備轉彎到下一排展架時，妹妹差點被迎面而來的一臺空推車撞倒，還好我眼明手快，及時抓住嚇一跳的她。推推車的是個小男孩，他應付的說了聲對不起，就繼續在偌大的賣場溜來溜去，看著疊成堆的飲料罐，我隱隱覺得情況有點不妙，同時也納悶怎麼沒有大人勸阻這危險的行為。

「辰辰，你不要再跑了，阿嬤追不到你！」一個頭髮花白的老人家無奈的喝止著小男孩，但小孫子根本當耳邊風，還是我行我素。

「阿嬤好痛，嗚嗚嗚嗚。」哭聲伴著匡鄉巨響，小男孩果然撞倒了飲料架，賣場工作人員和其他顧客聞聲也都趕緊上前查看和幫忙。

「唉唷都流血了啦！你們賣場地板怎麼滑滑的啦？辰辰不哭，地板壞壞，阿嬤打它！」工作人員邊賠不是，眼裡卻也閃爍著狐疑的神情，因為剛剛小男孩的調皮舉動是有目共睹的，但基於有孩童受傷和顧客至上的原則，也不好再說什麼。阿嬤牽著受傷的小男孩經過我們旁邊，我又再次聽到了那句「地板壞壞」。

「麻麻，地板有欺負他嗎？為什麼說地板壞壞。」看來不只有我聽到，小傢伙也聽到了。「沒有，地板一點錯也沒有，那個阿嬤只是在幫他找藉口，但這是不對的。」

「地板會很難過，不應該被罵。」

「所以如果是你跌倒，就要告訴自己小心點，不能怪到地板頭上。」孩子蹲下來摸了地板一下，用他的方式安慰受到無妄之災的地板。

讓孩子先從自己身上找原因

遇到問題或犯錯時，孩子習慣先找藉口，通常是因為怕被責罵、不想承擔責任或是已經有了某種程度的自尊心，因此不願意面對問題，而把「過錯」歸給外來人事物，以逃避暫時的不知所措，當孩子出現這樣的反應時，我們要先反省，是不是我們下意識為孩子找了藉口，而做了

不良的示範。

　　孩子第一次學習拿陶瓷碗但卻不小心摔破時，為了不要讓他對「初次嘗試」這件事有挫折感，我直覺的說出：「對不起，剛洗好的碗比較滑才會摔破，下次小心就好了。」即使我當下陳述的是事實，但卻造成孩子之後摔破其他東西時，直覺認為「都是因為很滑」，來逃避其實是因為自己沒拿好的可能。

　　為了矯正這個態度，我花了好一陣子不斷告訴孩子：「可以自己拿好東西的小朋友是最棒的，不然一個好好的東西摔壞就太可惜了，你一定可以更小心來預防這樣的事再發生。」遇到狀況，陪孩子一同從自己身上找原因，養成他們遇事不推拖的性格，自然也就減少找藉口的機會。

用肯定代替批評

　　有時孩子會直接說出「我不會」或「我不懂」，這可能來自於大人較少的肯定，導致他們認為自己的能力不夠，認為反正做了也可能會受到批評或是不受認同，因此寧可直接拒絕去「做」，索性用「不」來當作藉口，久而久之，孩子會越來越習慣用這樣的方式阻止自己進步，也會無法接受新刺激和挑戰。我們可以告訴孩子：「是哪一個部分你不會或不懂呢？一起來找答案好不好？」或是「沒關係，只要先做一點點就好了，這樣就很棒了！」用漸進式的鼓勵和帶領，從孩子愛找的藉口對症下藥，逐步建立他們的信心，消除掉可能產生藉口的原因。

　　也可以同步從日常小事來培養責任感，獨立完成一件事後，適時的說：「你看你可以！」激勵孩子，讓他覺得完成事情並不困難，慢慢習慣用「我可以」或「我想試試看」，取代「我不行」和「我做不來」。當小任務完成之後，再給予較困難的部分，當孩子把責任感視為應盡的義務，也就不會在第一時間只想著找藉口，而會主動積極的先嘗試任何可能的挑戰。

都是地板壞壞？別替孩子找藉口

　　若孩子在遇到問題或犯錯時習慣先找藉口，我們要先反省，是不是我們下意識為孩子找了藉口，而做了不良的示範。遇到狀況，陪孩子一同先從自身找原因，養成他們遇事不推拖的性格，自然也就減少找藉口的機會。

哇，剛下完大雨，地面上好多水坑喔！

等一下我們要跳過水坑，我先示範給你看喔！

是的，船長！

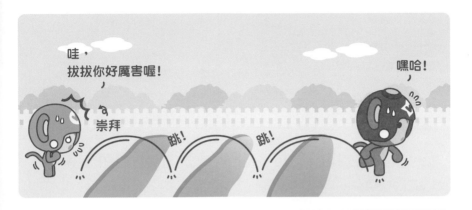

國家圖書館出版品預行編目資料

孩子這樣教我做父母：44個家長都想知道的事 /
鄭珮詩 文；娃娃猴 圖. — 初版. —
臺北市：華成圖書，2015.03
　面；　公分. — （閱讀系列；C0343）
ISBN 978-986-192-237-9（平裝）

1. 親職教育 2. 子女教育

528.2 　　　　　　　　　　　　104000178

閱讀系列　　C0343

孩子這樣教我做父母：44個家長都想知道的事

作　　者／鄭珮詩
插　　畫／娃娃猴

出版發行／ 華杏出版機構
　　　　　華成圖書出版股份有限公司
　　　　　www.farreaching.com.tw
　　　　　台北市10059新生南路一段50-2號7樓
　　　　　戶　名　華成圖書出版股份有限公司
　　　　　郵政劃撥　19590886
　　　　　e-mail　huacheng@farseeing.com.tw
　　　　　電　話　02—23921167
　　　　　傳　真　02—23225455
　　　　　華杏網址　www.farseeing.com.tw
　　　　　e-mail　fars@ms6.hinet.net
　　　　　華成創辦人　　郭麗群
　　　　　發 行 人　　蕭聿雯
　　　　　總 經 理　　熊芸
　　　　　法律顧問　　蕭雄淋・陳淑貞

　　　　　總 編 輯　　周慧琍
　　　　　企 劃 主 編　　蔡承恩
　　　　　企 劃 編 輯　　林逸叡
　　　　　執 行 編 輯　　袁若喬
　　　　　美 術 設 計　　林亞楠

定　　價／以封底定價為準
出 版 印 刷／2015年3月初版1刷

總 經 銷／知己圖書股份有限公司
　　　　　台中市工業區30路1號　　電話　04-23595819　　傳真　04-23597123

☺ 讀者回函卡

謝謝您購買此書，為了加強對讀者的服務，請詳細填寫本回函卡，寄回給我們（免貼郵票）或 E-mail至huacheng@farseeing.com.tw給予建議，您即可不定期收到本公司的出版訊息！

您所購買的書名/＿＿＿＿＿＿＿＿＿＿＿＿　購買書店名/＿＿＿＿＿＿＿＿＿＿

您的姓名/＿＿＿＿＿＿＿＿＿＿＿＿＿＿　聯絡電話/＿＿＿＿＿＿＿＿＿＿

您的性別/□男 □女　　　您的生日/西元＿＿＿＿＿年＿＿＿月＿＿＿日

您的通訊地址/□□□□□＿＿＿＿＿＿＿＿＿＿＿＿＿＿＿＿＿＿＿＿＿＿＿

您的電子郵件信箱/＿＿＿＿＿＿＿＿＿＿＿＿＿＿＿＿＿＿＿＿＿＿＿＿＿＿

您的職業/□學生　□軍公教　□金融　□服務　□資訊　□製造　□自由　□傳播
　　　　　□農漁牧　□家管　□退休　□其他

您的學歷/□國中（含以下）　□高中（職）　□大學（大專）　□研究所（含以上）

您從何處得知本書訊息/（可複選）

□書店　□網路　□報紙　□雜誌　□電視　□廣播　□他人推薦　□其他

您經常的購書習慣/（可複選）

□書店購買　□網路購書　□傳真訂購　□郵政劃撥　□其他＿＿＿＿＿＿＿＿＿

您覺得本書價格/□合理　□偏高　□便宜

您對本書的評價（請填代號/ 1. 非常滿意 2. 滿意 3. 尚可 4. 不滿意 5. 非常不滿意）

封面設計＿＿＿＿　版面編排＿＿＿＿　書名＿＿＿＿　內容＿＿＿＿　文筆＿＿＿＿

您對於讀完本書後感到/□收穫很大　□有點小收穫　□沒有收穫

您會推薦本書給別人嗎/□會　□不會　□不一定

您希望閱讀到什麼類型的書籍/＿＿＿＿＿＿＿＿＿＿＿＿＿＿＿＿＿＿＿＿＿＿

您對本書及我們的建議/

www.farreaching.com.tw

華杏出版機構

華成圖書出版股份有限公司　　收

台北市10059新生南路一段50-1號4F　　TEL/02-23921167

（沿線剪下）

（對折黏貼後，即可直接郵寄）

本公司為求提升品質特別設計這份「讀者回函卡」，懇請惠予意見，幫助我們更上一層樓。感謝您的支持與愛護！

www.farreaching.com.tw　　請將　C0343　「讀者回函卡」寄回或傳真 (02) 2394-9913